食べる美容

JN008335

体の声に耳を傾け、その言葉にこたえ、日々を重ねていく。色鮮やかに重ねていく。

江戸時代、将軍家や大名に仕える医師（漢方医）のことを「お匙《さじ》」と呼びました。
薬匙を使って薬を調合する姿が、この呼び名の由来です。
僕はこれまで肌に悩みを抱えている人から相談を受ける中で、
その人の肌の状態や顔色から伝わってくる体の声に耳を傾け、
時には化粧品、時には料理によってその悩みにこたえてきました。
そして、少しでもその悩みが改善されたと言ってもらえる瞬間が、
何物にも代え難い喜びとなり、生涯続けていくべき使命と感じるようになりました。
肌に悩みを抱える人が、少しでも前向きになれるように。
歳を重ねた未来が、魅力あふれたものとなるように。
化粧品や料理を処方する現代の「お匙」でありたいと思います。

食べる美容　目次

※レシピページで表示している大さじ1は15㎖、小さじ1は5㎖です。
また、1つまみは、親指、人さし指、中指3本の指先で
自然につまんだ分量です。

「美容」の正体を探して

就職氷河期と言われる時代。僕は大学を中退した後、音楽の道を目指すも夢破れ、その後、アパレル・カフェ・ライブハウスの複合店を群馬県で開業するも1年で廃業し、ならず者のような20代前半を過ごしていました。自分はこの先どうやって生きていくのだろうか？ そんなことをぼんやりと考えていた矢先、母が交通事故に遭い、その精神的なストレスからひどい肌荒れに見舞われ、どんな化粧品も使えない状況に陥ってしまいました。母は食べるもの、洋服、インテリアなどにしても強いこだわりのある人です。僕が小学生の頃、母の日にデパートで買った洋服をプレゼントした時ですら、「これは自分の好みではないのだけど、せっかくプレゼントしてもらったものは、ずっと着続けたいから」と、僕を連れて気に入りの服に交換しに行くほど徹底した美意識を持っていました。そんな母ですから、肌が荒れ、化粧品が使えないということは、人にも会いづらいということで、そのような状況はとても苦痛だったと思います。当時、父は海外に駐在しており、我が家はほぼ僕と母の二人暮らしのようなものでした。母はなんとか使える化粧品はないかといろいろ試しては、毎日の会話の中でその感想や肌の状態を報告するようになり、僕もだんだん化粧品に興味が湧いてきました。そして、母の肌の状態を改善できる化粧品はどんなものなのかを自分なりに考え、自宅のキッチンで料理を作るように化粧品を作り始めたのです。

それから気づけば20年以上、僕は化粧品を作り続けています。僕自身はもともと肌が健康で、高校時代に少しニキビができた以外はこれといって大きな肌悩みを抱えたこともなく、自分のために積極的に化粧品を使ったことはありませんでした。ですから、化粧品ブランドの創業ストーリーによくある「自分自身が欲しいものを形に」というアプローチは成立せず、困っている誰か、大切な誰かに使って欲しいものを形にして、喜んでもらうことだ

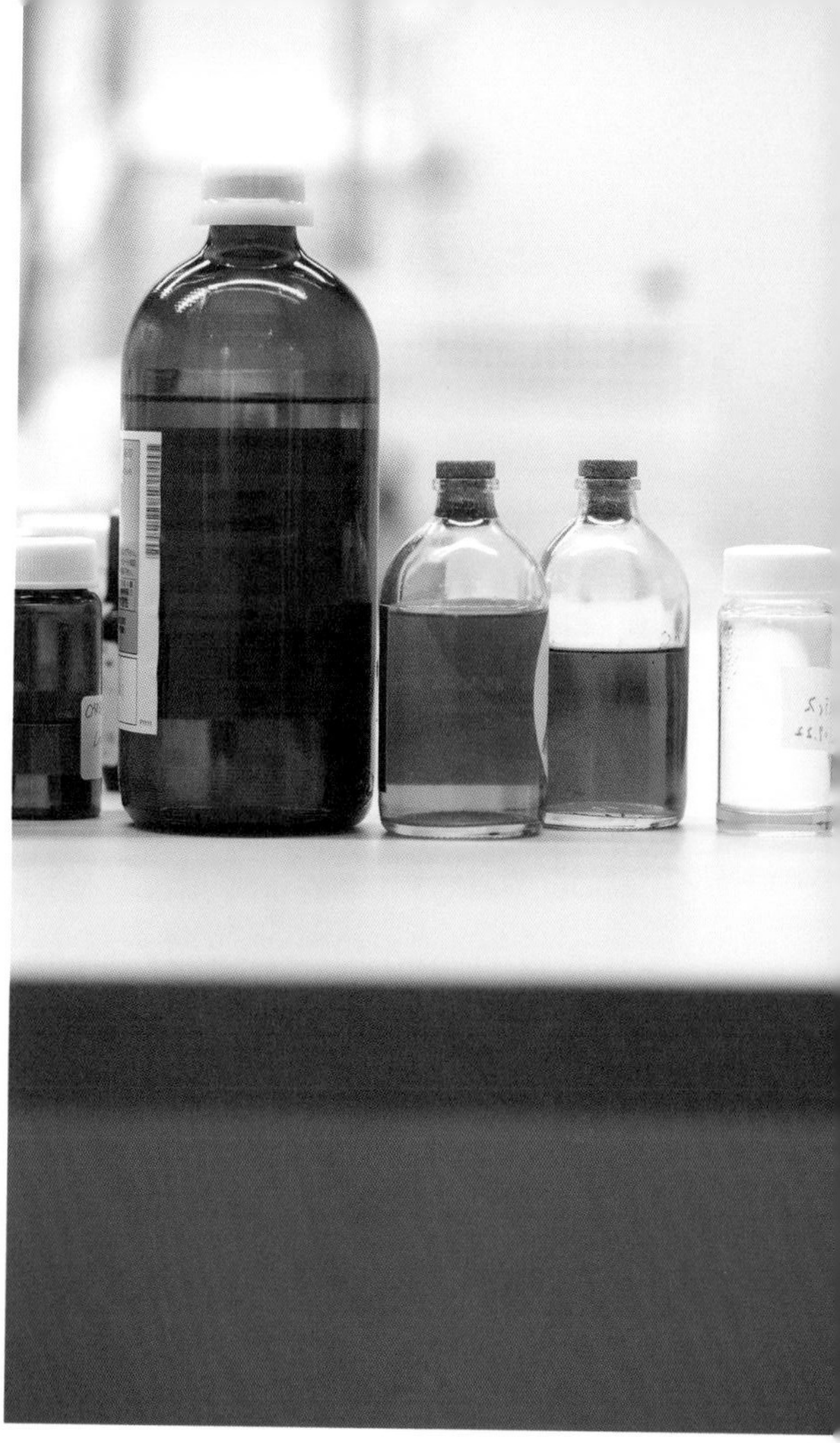

けをモチベーションに化粧品を作ってきました。その一方で、僕には化粧品を作る資格があるのだろうか？ 使ってくださる人たちに対し、責任を負うことができているだろうか？ と自問自答を重ねてきたのも事実です。なぜなら、僕自身は化粧品がなくとも困ることなく生活できていて、化粧品を必要とする人の心の奥底を理解できていない気がしていたからです。僕が生業《なりわい》としてきたことはまさに「美容」という世界なのですが、僕にとってはこの「美容」という言葉があまりに不可解で、その意味を知ろうとすればするほど迷宮へと誘い込む魔物のように感じていました。

「美容」という言葉を広辞苑で見てみると「美しい容貌。容貌・容姿・髪型を美しくすること。美粧。」と書かれています。ですが、そもそも「美しい」とは？「人の数だけ違う答えがある」とするのが正解なのかもしれません。でも、そう結論づけてしまったら、明日から僕は何のために、どの方向を向いていけばいいのか分からなくなってしまいます。ですから、たとえ賛同してくれる人がいなかったとしても、僕だけの答えだとしても、何かひとつの信念を持っていなくては……と思っています。多分、この「美容」の正体を探す旅は一生続くと思いますが、20年間向き合う中で、僕なりに少し見えてきたことがあるのです。

肌をきれいに見せたい、目鼻立ちをくっきりと見せたいなどの見た目を意識することは、漠然とした他者との比較から生まれます。また、若い頃なら大人っぽく見られたい、逆に歳を重ねると若く見られたいなど、年齢的なコンプレックスが拍車をかけることも大いにあると思います。ですが、人が人を素敵だと思う時、果たして年齢という軸は直接的に関係しているのだろうか？ と疑問に感じています。とりわけ、若く見えることが良しとされる感覚については、「アンチエイジング」という言葉が浸透していることからも、日本では「エイジング」がネガティブに捉えられがちです。しかしながら、本来エイジングとは、例えばワインが長い時間を経て旨みを増していくさま、つまり「熟成・成熟」を意味するポジティブな言葉なのです。「老化」と言うネガティブな意味に対しては、別に「セネセンス」と言う言葉があります。確かに「歳を重ねる」ことは、「成熟する」と「老いる」の二つの要素を併せ持っています。ただ、どちらに意識をフォーカスしているかが分かれ目だと僕は思うのです。「老いる」を恐れてそれを食い止める対策を考えるより、「成熟する」を楽しむという考え方にシフトしていった時、その人の本当の美しさが生まれるのではないでしょうか。「変わらない」ことは自然の摂理としてあり得ないことであって、「どう変わっていくか」を考えることが大切なのだと思うのです。

　人の中には「ありたい自分」「見られたい自分」という二面が存在しているように思います。そして、多くの人が生きていく中でこの二つを近づけようとします。例を挙げて説明しますと、「あのモデルさんみたいになりたい」と自分では見た目の理想を目標に掲げて真似してみるも、その人にはあって、自分にはないもの、逆に自分にはあって、その人にはないものなどに気づき、ありのままの自分の姿を客観視することになります。それでも

憧れを諦めきれず、また少し経つと新たな対象を見つけ、真似てみるわけです。毎度同じようなことを繰り返しているようでも、そうこうしているうちに揺るぎない自分らしさを感じ「心地の良い自分＝ありたい自分」にじわりじわりと近づいていくのです。僕はこれまで、異性同性を問わずどんな人に惹かれてきただろうか？　とあらためて振り返ってみた時、この「ありたい自分」と「見られたい自分」が年齢にかかわらず同一化、もしくはかなり近づいている人に惹かれてきたと気づきました。分かりやすく言えば、メイクにあまり時間をかけず、好きな読書に時間を使う人であり、高価なスキンケアをあれこれ試さなくても、流行りに流されず自分の好きな服を着こなすことができる人です。その人たちは、いつも僕をワクワクさせてくれました。そして、究極的には、その人の年齢や見た目がどうかは気にしなかったというか、目が向かなかったように思います。

　見た目は重要ではない、とお伝えしたいわけではありません。見た目が印象を決める部分もあると思いますし、実際僕も、人のより良い見た目を叶えるために日々研究しているわけです。ただ、良い見た目が前向きな心を生む一方で、前向きな心が肌の機能を改善させて、良い見た目に繋がるという、切っても切れない関係が存在するのも事実です。ここでお伝えしたかったことは、人と比較して自分にはない見た目を追い過ぎることで後ろ向きな心になってしまっては意味がなく、むしろ悪循環に陥ってしまうのではないかということです。誰しも見た目に関するコンプレックスを多かれ少なかれ持っていますが、それを克服すべき試練のように捉えるのではなく、共存の仕方を楽しむ心で向き合って欲しいのです。ありのままの自分をなおざりにして、「見られたい自分」を無理に演じ続けたその先には、膨れ上がる周囲からの期待が待ち受けています。そうしてどんどん心身ともに窮屈になり、疲弊していく姿に美しさを感じられる人は、少ないのではないでしょうか。美しさの意味が何であれ、美しいことは結果として人を惹きつけ、素敵な出逢いや経験に恵まれるための必要要素であるとすれば、「美容」とはありのままの自分を認めながら「ありたい自分」と「見られたい自分」を近づけていくための所作ではないかと思うのです。そして僕の「美容」という仕事が、ひとりの人に素敵な出逢いや経験を引き寄せるお手伝いをすることであるならば、化粧品を作るという枠に囚われず、体の中や精神面からもっと伝えるべきことがあるのではないかと思い、『食べる美容』であり「読む美容」であるこの本の出版に至りました。

「手抜き」と「手軽」は同じではない

この本でご紹介するレシピは、とにかく手軽に作れることを重視しました。美容のための料理というと、手間ひまをかけて作らなければいけないと感じるかもしれませんが、仕事や子育てなどで毎日忙しくしていたら、それは無理な話です。包丁、まな板、鍋、最低限の調理器具で洗い物は少なく、短時間で、もしくは何かほかのことをしながら作れるレシピですが、その一方で、化学調味料や電子レンジを使うことはせず、ちゃんと手作りで素材を大切にした料理でもあります。何よりこの本で得ていただきたいことは、レシピ通りの作り方のみではなく、どういう考えのもとに食材や調理方法を選んでいるか、ということです。仕事をされている方であれば、毎食手作りすることは現実的ではないと思います。そんな時にどんなお店でどんな料理を選ぶか、レシピ通りの食材が手に入らない時に、代わりになる食材は何なのか、そういった判断基準であり、栄養面でも風味の面でも相性の良い食材の組み合わせ方のヒントを得ていただきたいと思うのです。

以下に、この本のレシピを考えるにあたってルールとしていることをお伝えします。

短時間で手軽に作れること

先にお伝えしたように、最低限の調理器具で手軽に作れるように考えました。そのため、具材自体を出汁にして作ったり、バリエーション豊かな調味料を工夫して使っています。調味料は少し贅沢なものでも丁寧に作られたものを選ぶことで、手軽な料理でも味わい豊かになりますし、栄養面のメリットもあり、高級な食材を使わなくても満足度の高い料理が作れます。

必要な栄養素を効率よく摂れること

季節ごとに必要な栄養素を中心に、それらの栄養素が効率よく代謝、吸収、もしくは良い状態で体に保持されるよう、補助となる栄養素も含めてバランスよく組み立てています。

アジア圏の食材や調理技法で作ること

日本のみならず、アジア圏全体の料理は、お米を主食にし、欧米に比べて脂質が少ないのが特徴です。そして、醤油や味噌のような発酵調味料で旨みを持たせることも共通しています。お米を主食とした食事と聞くと、太るイメージを持つ方も多いかもしれませんが、アメリカのジョスリン糖尿病センターの研究によれば、欧米食に比べてアジアの伝統的な食事は、体重、ＢＭＩ、体脂肪率すべてにおいて低下することが確認されています。このことからも、美容のための食事の提案にふさわしい、アジア圏全体の食材や調味料、調理技法を、ユニークに組み合わせて考えています。

食べることを楽しめること

何よりも、食事を楽しむことを大切にしていただきたいと思います。僕は「料理は人生を楽しむための触媒」と考えています。具体的にいえば、料理は季節を楽しむ触媒、会話を楽しむ触媒、生活を楽しむ触媒ということです。そのためには季節の食材の魅力を感じられ、少し意外な食材の組み合わせで驚きや発見があり、美容のためのレシピであっても、ひとりでストイックに食べるのではなく、家族、友達、パートナーと楽しめることを重視しています。

少し話は脱線しますが、毎日緻密な栄養管理をしようとすると、おそらく数日で考えることに疲れてしまうでしょう。迷った時は、難しい栄養の話はさておき、スーパーなどで食材を眺めて自身の中に湧き上がる「食べたい」「美味しそう」という感覚を大事にしていただきたいのです。なぜなら本来、必要な栄養素は体が知っていて、本能的に選ぶことができるはずなのです。楽しむ気持ちが最優先であって、その上で楽しむことと美容の一石二鳥を叶えるヒントとしてこの本のレシピを参考にしていただきたいと思います。

レシピの前に

レシピは、1年を花粉季（2・3月）・新生活（4・5月）・梅雨（6・7月）・盛夏（8・9月）・乾燥季（10・11月）・厳冬（12・1月）の2ヶ月単位で区切り、季節ごとの体や肌の変化に合わせた食事について、5大栄養素やそのほか摂るべき栄養素のトピックスを含めて紹介していきます。ひとつ気をつけていただきたいことは、ある栄養素がある症状に対して有効であったとしても、過剰にそれを摂れば、健康を害する場合もありますし、症状がないからと言って、その栄養素が不要なわけでもありません。体や肌の機能と食べ物の関係を知っていただくために季節に分けて紹介するレシピは、「この季節を快適に乗り越えるには、この栄養素を強化したこんな料理が良いですよ」というケーススタディのような位置づけです。基本的には、1年を通して栄養素をバランス良く摂っていくことが大切であることを、くれぐれもご理解いただけたらと思います。

朝食、昼食、夕食という1日の献立の流れについては、朝は内臓を目覚めさせる消化の良いものから始まり、体を盛んに動かす昼食までに糖質を摂り、体を再生する夜に向けて、夕食はタンパク質の摂取が中心となるように考えていただけたらと思います。ビタミンやミネラルは汗や尿で排泄されやすいものも多いので、一度にたくさん摂るのではなく、3食に分けてバランス良く摂ることがポイントです。栄養素を摂る量、摂るタイミング、摂り方については、僕がこれまで皮膚科学や栄養学、免疫学などいろいろな論文や文献を読む中でたどり着いたオリジナルな考え方です。栄養学を学ぶ方々の中には別の考え方をお持ちの方もいらっしゃるかもしれませんが、これは僕自身が家族や友人、美容のカウンセリングの中で実践し、良き効果を感じられたことをまとめたものであることをご理解ください。

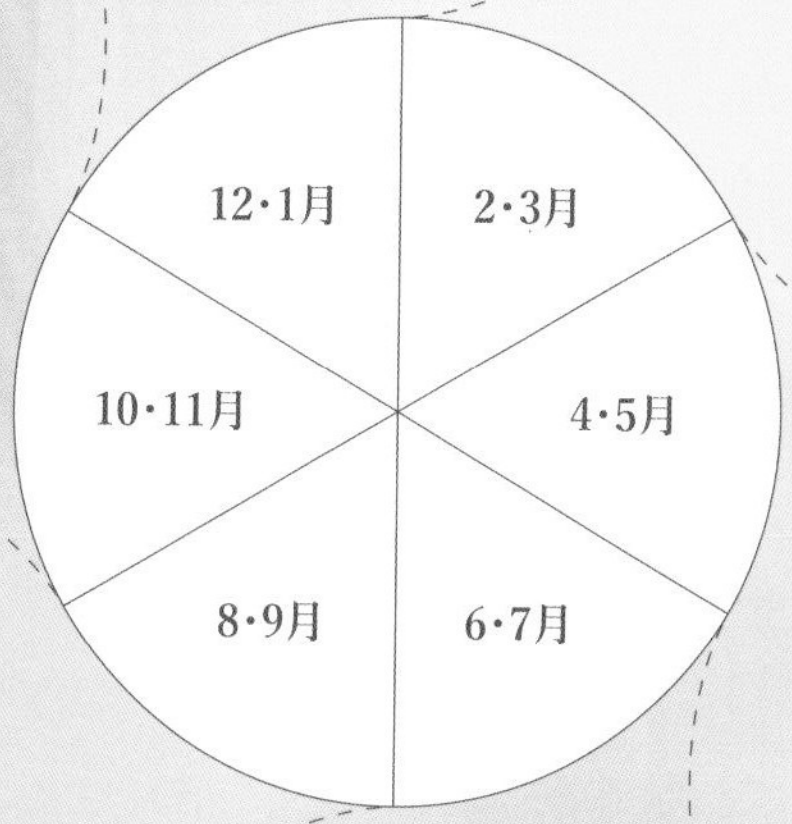

花粉季

ビタミンやミネラルの摂取を強化して、花粉や乾燥による肌荒れや炎症をケア。

→p.17

新生活

気分や体調の乱れやすさは、脳と相関関係にある腸内の環境を整えてアプローチ。

→p.39

梅雨

代謝を上げる食材で自律神経の乱れによる倦怠感を払い、むくみを防ぐ。

→p.65

盛夏

体の余分な熱を冷ましながら、抗酸化成分を取り入れて、紫外線ダメージをケア。

→p.89

乾燥季

良質な脂質を適度に補うことで、肌の乾燥を防ぎうるおい力を守る。

→p.105

厳冬

巡りを高める食材を積極的に摂って、発汗を促すことで乾燥やくすみを防ぐ。

→p.123

季節は移ろうもの。
はっきりした
境界線はないので
自分の肌感覚や
体の声を大切に
献立を組みましょう。

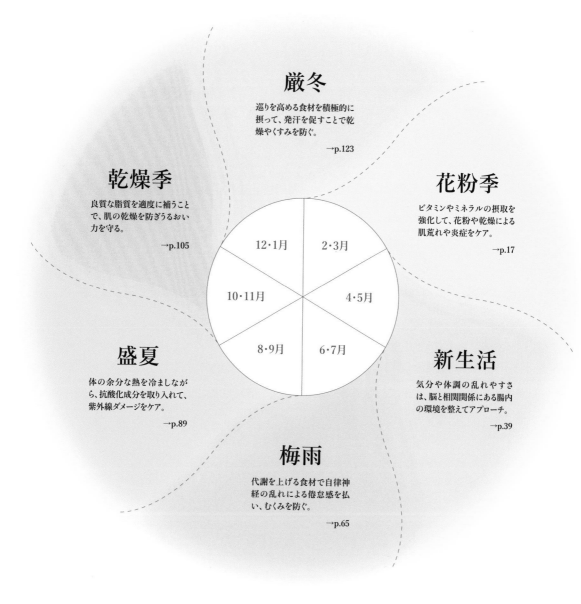

2・3月

花粉季

肌がムズ痒く、朝鏡を見ると、目の周りが赤くなっている。それは、この季節に多い花粉が肌の中に入り込んでしまったせいかもしれません。もともと皮膚というのは外から体の中に余分なものが入ってくることを防ぐ器官です。海水浴をしても体が塩漬けになることがないのは、皮膚がバリアしてくれているお陰です。ですが、ひどい乾燥にさらされたり、強いストレスを感じたりすると、このバリアは弱まってしまい、そこに花粉が入り込む隙ができて、炎症を起こしてしまうのです。痒くなるのも、赤くなるのも、肌がそうして炎症を起こしたシグナルなのです。

ビタミンE

ビタミンEは、肌で起こった炎症を鎮める作用があります。また、抗酸化作用もあるので、炎症による肌の酸化ダメージを緩和することもでき、マグネシウムと併せてこの季節に重要な栄養素です。2月頃はまだ美味しい鱈の白子や、春先に旬を迎える蛍烏賊にも豊富に含まれます。手軽に取り入れたければ、いつもの料理に砕いたナッツをちらすのも良いでしょう。

マグネシウム

マグネシウムは、肌のバリアを強化する作用があります。花粉による肌荒れに悩む方に、簡単にマグネシウムを摂る方法としておすすめなのは海藻です。海はマグネシウムの宝庫なので、ほとんどの海藻に豊富に含まれています。海藻の旬は3～5月で、この季節に鮮魚店へ行くと珍しい生の海藻が並んでいる場合もあります。ぜひ、いろいろな料理で楽しんでください。

切り干し大根のナムル

切り干し大根を戻して、胡麻油ベースのタレで和えるだけの簡単つけ合わせ

テーマ食材

マグネシウム:**切り干し大根**

キクラゲ、ひじき、ワカメでもOK

ビタミンE:**ピーナッツ**

アーモンド、ヘーゼルナッツ、大豆でもOK

つけ合わせやおつまみとしてはもちろん、
炊きたてご飯にのせて食べるのもおすすめです。
ご飯にのせる時は、コチュジャンを少量プラスして
揉み海苔をかけるといっそう箸が進む味わいに。

食材／分量(2人分)

切り干し大根…30g
乾燥キクラゲ…10枚

(タレ)
ニンニク…1片(すりおろす)
白すり胡麻…大さじ1
胡麻油…大さじ2
オイスターソース…大さじ1
塩…小さじ1
白胡椒…小さじ1

(仕上げ)
ピーナッツ…8粒(砕く)
小葱…5本(小口切り)

1 ボウルにタレの材料を入れ、混ぜ合わせておく。**2** 切り干し大根とキクラゲを水で戻し、1分ほど湯がいたらザルに上げてしっかり湯切りする。キクラゲは千切りにし、切り干し大根と一緒に**1**とよく和える。器に盛り付け、ピーナッツと小葱をちらす。

日式バクテー・ミントソースと

マレーシアのスペアリブ煮込み〝バクテー〟を鰹出汁が香る日本風で。ミントソースを添えて爽やかに

テーマ食材

マグネシウム／ビタミンE：松の実

アーモンド、胡桃でもOK

辛いのが苦手な場合は、ミントソースで使う青唐辛子の代わりにししとうでもOK。松の実をアーモンドや胡桃に置き換えれば、より香ばしい風味に。コクや香りなどお好みに合わせて選んでください。

食材／分量（2人分）

スペアリブ…300g
こごみ…4本
水（煮込み用）…1500ml

A
- 大根…1/4本（細長く切る）
- 生姜…親指1本程度（薄切り）
- ニンニク…2片（軽くつぶす）
- クコの実…大さじ1
- クローブ…4粒
- 粉鰹…小さじ1
- 黒胡椒…小さじ1

B
- 味醂…大さじ2
- 日本酒…大さじ2
- 白醤油…大さじ2
- 塩…小さじ1

（ソース）
ミント…15g
ニンニク…1片（軽くつぶす）
松の実…20g
青唐辛子…1〜2本（小口切り）
塩…小さじ1
荏胡麻油…大さじ1
バクテーのスープ…大さじ2

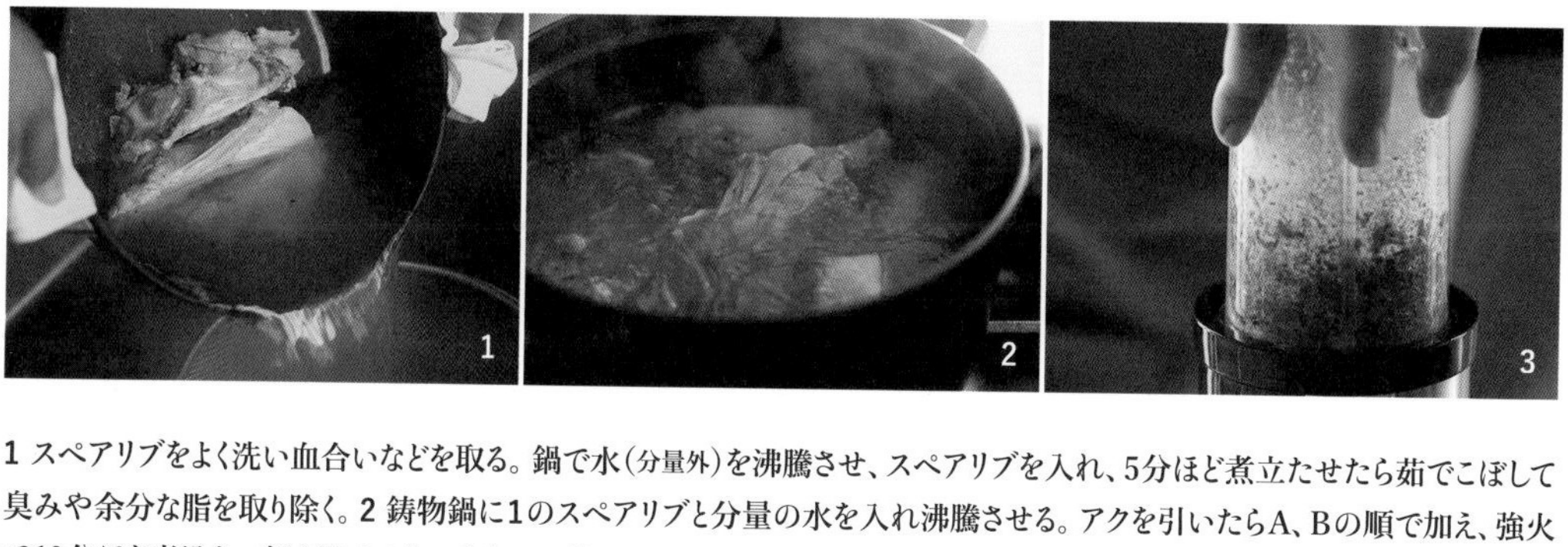

1 スペアリブをよく洗い血合いなどを取る。鍋で水（分量外）を沸騰させ、スペアリブを入れ、5分ほど煮立たせたら茹でこぼして臭みや余分な脂を取り除く。**2** 鋳物鍋に1のスペアリブと分量の水を入れ沸騰させる。アクを引いたらA、Bの順で加え、強火で10分ほど煮込む。軽く茹でて水に入れアク抜きしたこごみを加え、さっと火を通す。**3** ソースの材料をブレンダーにかけてミントソースを作る。器に2のスペアリブ、大根、スープを入れ、こごみとミントソースを添える。

蛍烏賊と菜花の土鍋飯

土鍋で炊き上げる、春らしい彩りと魚介の旨みを楽しむご飯

テーマ食材

マグネシウム：**あさり**
しらす、つぶ貝、桜海老でもOK

ビタミンE：**蛍《ほたる》烏《い》賊《か》**
鱈の白子でもOK

あさりの代わりにつぶ貝（むき身）や
桜海老を使う場合は、炊き始めから入れてOK。
しらすへの置き換えは、半分を炊く前に、残り半分を
蒸らしの前に入れることで旨みと食感を楽しむことができます。

食材／分量（2人分）

生蛍烏賊…20杯
あさり…200g
菜の花…5本（5cmに切る）
日本酒…50ml
白醤油…小さじ1（菜の花下味用）
米…1.5合
水…適量
あさりの出汁…適量

A
- 生姜…小指1本程度（千切り）
- 醤油…大さじ1
- 味醂…大さじ1
- 塩…小さじ1/2

1 砂抜きした殻付きあさりを、殻を擦り合わせるようにして真水でよく洗う。あさりを鍋に入れて日本酒を加え、火にかけたら蓋をして酒蒸しにする。殻が開いたら火を止め、あさりを取り出し、身を殻から外しておく。**2** 土鍋に、研いだ米、酒蒸しして出たあさりの出汁すべてと水を合わせて270mlにしたもの、Aを入れ、蓋をして炊く。火加減と時間の目安は、中火にかけてふつふつと沸騰したら弱火にして10分程度。**3** 炊き上がったら火を止めて、ご飯の上にあさりの身、蛍烏賊、さっと茹でて白醤油で和えておいた菜の花をのせたら蓋をして、余熱で10分ほど蒸らす。

銀鱈の紹興酒蒸し

蒸籠《せいろ》で具材を蒸し上げ、そのまま食卓へ。
コクのある卵黄つけダレを添えて

テーマ食材

マグネシウム:**キクラゲ**
ほうれん草、ごぼう、さつま芋でもOK

ビタミンE:**銀鱈**
真鯛、ハマチ、メカジキでもOK

キクラゲをごぼうに置き換える場合は、
水に5分程度さらしてアク抜きをしてください。
ごぼうやさつま芋の置き換えでは、
火入れ時間をやや長く取り、
海鮮を少し後から入れると良いと思います。

食材/分量(2人分)

銀鱈…1切れ(半分に切る)
生ワカメ…60g
生キクラゲ…30g
チンゲンサイ…2枚
ホンビノス貝…2個
紹興酒…100ml
水…300ml
塩…適量
黒胡椒…適量

(タレ)
卵黄…1個分
胡麻油…大さじ1
A 黒酢…大さじ3
A たまり醤油…大さじ3
A 砂糖…大さじ2
炒り胡麻…小さじ1
小葱…3本(小口切り)

1 食べやすい大きさに切った生ワカメ(塩蔵の場合は塩抜きする)、生キクラゲ、チンゲンサイ、ホンビノス貝、やや強めの塩と黒胡椒をふって下味を付けた銀鱈を蒸籠に並べる。鍋に紹興酒と水を入れ沸騰させてから蒸籠をのせ、10分ほど蒸す。**2** 具材を蒸している間につけダレを作る。ボウルに卵黄を入れ、分離しないように泡立て器でかき混ぜながら胡麻油、合わせておいたAを順に少しずつ加え、炒り胡麻と小葱を合わせてタレを作る。**1** の蒸籠ごと皿にのせ、タレをつけていただく。

あおさ海苔と酢橘の蕎麦

あおさ海苔の香りに酢橘の酸味、さっぱりとのどごし良く食べられる蕎麦

テーマ食材

マグネシウム：**蕎麦**
キヌア、木綿豆腐でもOK

ビタミンE：**あおさ海苔**
ワカメ、モロヘイヤでもOK

蕎麦の代わりに豆腐を入れてスープ感覚の一品にしたり、
キヌアとご飯を入れて雑炊にもアレンジ可能です。
あおさ海苔をワカメやモロヘイヤに置き換える場合は、
仕上げにオリーブ油を加えると食べごたえも増し、
ビタミンEの摂取を手厚くできます。

食材／分量（2人分）

蕎麦…2人前
あおさ海苔…大さじ4
酢橘《すだち》…2個（薄切り）
A
- 粉鰹…大さじ1
- 白醤油…大さじ4
- 日本酒…大さじ2
- 味醂…大さじ2
- 水…1000ml

塩…1つまみ

1 鍋にAを入れ、ひと煮立ちさせたらあおさ海苔をちぎって加え、つゆを作る。2 蕎麦は沸騰した湯（分量外）で気持ちかために茹で、水にさらして締める。1のつゆを温めて蕎麦を入れ、塩で味を調えたら器に盛り酢橘をのせる。

ンドマップ

出汁

- 魚介
  - 粉鰹
  - 粉昆布
  - エイヒレ
  - 干し貝柱
  - 鮭とば
- 肉
  - 牛すじ
  - 鶏挽き肉
  - ビーフジャーキー
  - 豚挽き肉
- 野菜
  - 玉葱
  - 大根
  - 干し椎茸
  - 長葱

油

- 菜種油
- 胡麻油
  - 太白
  - 焙煎
  - 辣油
- 荏胡麻油
- 亜麻仁油
- オリーブ油

調味料

- 香
  - 香味野菜
    - 葱
    - ニンニク
    - 玉葱
    - 生姜
    - パクチー
    - 紫蘇
    - 柚子
    - 三つ葉
    - レモングラス
    - バイマックル
  - スパイス
    - クミン
    - ターメリック
    - コリアンダー
    - カルダモン
    - シナモン
    - クローブ
    - ガラムマサラ
    - パプリカ
    - ベイリーフ
- 旨み
  - 日本酒
  - 味醂
  - 紹興酒
- 甘味
  - 蜂蜜
  - 砂糖
- 辛味
  - 胡椒
    - 黒胡椒
    - 白胡椒
  - 唐辛子
    - 青唐辛子
    - 粉唐辛子
    - 柚子胡椒
  - わさび
  - からし
  - 山椒
    - 花椒
    - 和山椒
- 塩味
  - 味噌
    - 八丁味噌
    - 白味噌
    - コチュジャン
    - 豆板醤
    - 甜麺醤
  - 醤油
    - たまり醤油
    - 白醤油
    - 醤油
  - 塩
  - オイスターソース

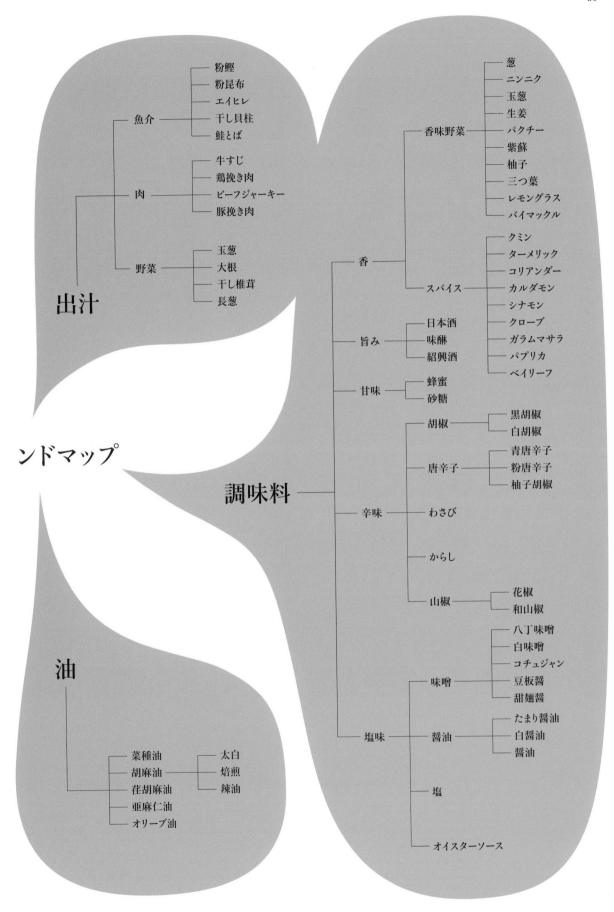

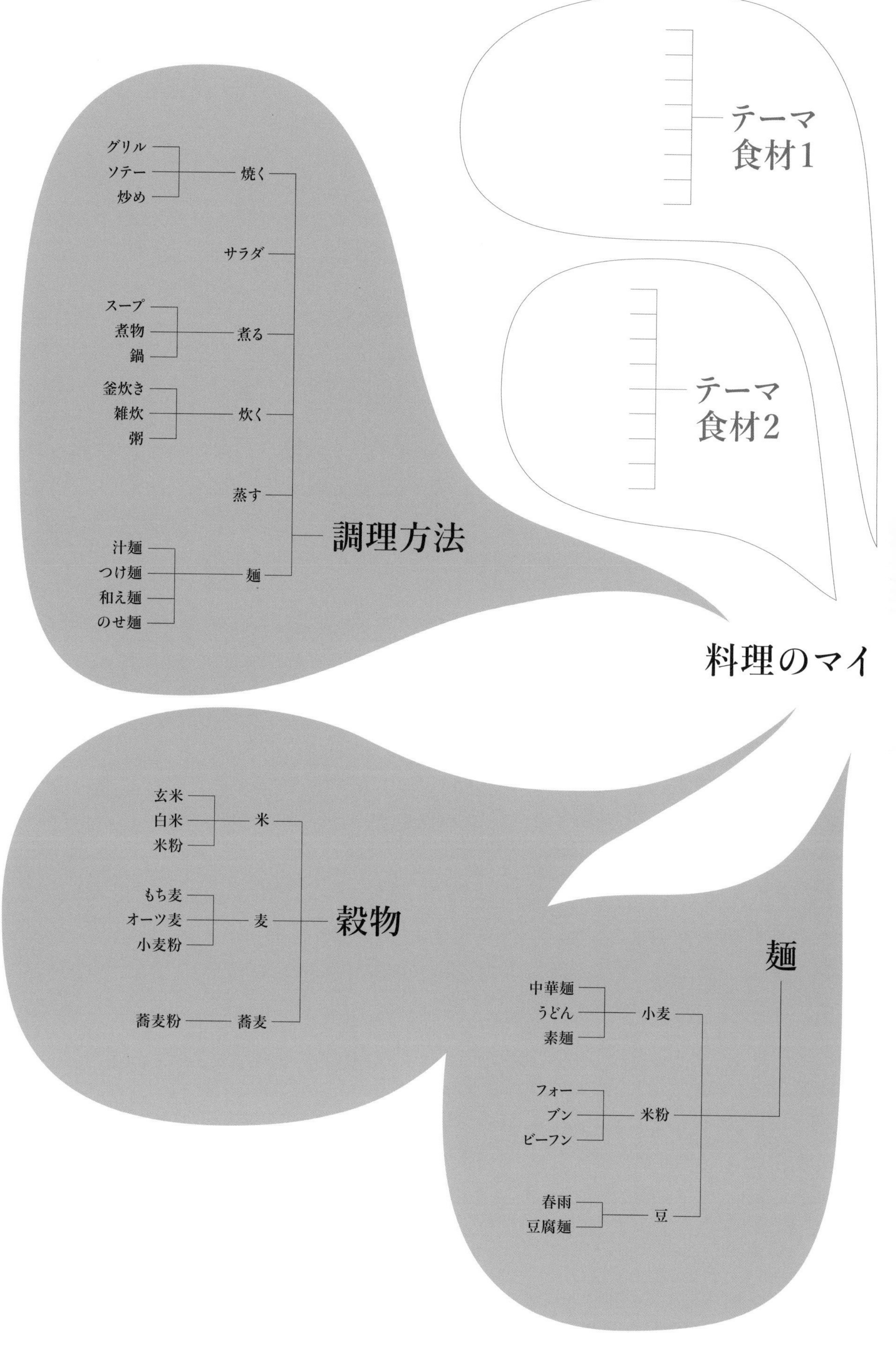
テーマ
食材1
テーマ
食材2
調理方法
焼く
グリル
ソテー
炒め
サラダ
煮る
スープ
煮物
鍋
炊く
釜炊き
雑炊
粥
蒸す
麺
汁麺
つけ麺
和え麺
のせ麺
料理のマイ
穀物
米
玄米
白米
米粉
麦
もち麦
オーツ麦
小麦粉
蕎麦
蕎麦粉
麺
小麦
中華麺
うどん
素麺
米粉
フォー
ブン
ビーフン
豆
春雨
豆腐麺

Column 1

アレンジレシピを楽しむ術

この本を作るにあたり、まずは日本人の体にはアジア圏の食材が適しているということを前提に、考え得る出汁・調味料・油・調理方法、主食となる穀物・麺といった料理の構成要素を思いつく限り挙げてみました。また、各季節のテーマとなる2種類の栄養素を豊富に含む食材も、それぞれ挙げていきました。そして、そのテーマの食材の中から中心となる食材を選び、構成要素一つひとつとの相性をイメージしながらレシピを組み立てています。

72ページの海藻豆腐を例にとると、まずカリウムを豊富に含む海藻を決め、それと相性の良さそうなビタミンB_1を豊富に含む豆腐を合わせることにしました。調理方法は豆腐が扱いやすい「煮物」、出汁は海藻の繊細な香りを邪魔しない「鶏挽き肉」で、調味料も香りが強くない「味醂」や「白醤油」を選び、アクセントに「柚子胡椒」を入れよう……と。どのレシピもこのような流れに沿って考えているので、違う食材に置き換えてさまざまなアレンジが可能です。出汁を干し貝柱にしても相性が良さそうだな、調味料がナンプラーだともっとアジアっぽくなるかな？　穀物はご飯を炊いて餡かけにしてみよう、などなど……。

テーマとなる栄養素を豊富に含む食材は、ネットで「○○が豊富な食材」と検索してみれば、この本で紹介したもの以外にもいろいろと出てきます。食べる美容は続けることが大切ですから、ぜひこの本で紹介するレシピを一つの例と捉え、飽きがこないようにご自身の好みでどんどんアレンジして楽しんでください。食べることと同じく、作る楽しみも感じていただけたら嬉しく思います。僕なりに導き出したレシピの組み立て方を視覚化したマインドマップ、良かったら参考にしてみてください。

季節の悩み	テーマ食材1	テーマ食材2
2・3月 花粉季 花粉、乾燥による肌荒れ	マグネシウム： 蕎麦、切り干し大根、松の実、 あさり、キクラゲ、ひじき、ワカメ	ビタミンE： ピーナッツ、松の実、蛍烏賊、 銀鱈、あおさ海苔、ハマチ、鰯
4・5月 新生活 気分、体調の不安定さ	腸内環境： 塩昆布、納豆、塩麹、酒盗、 バナナ、キムチ、ヨーグルト	ビタミンB_6： 胡麻、鰹、鮪、サーモン、 ニンニク、バナナ、鰹節
6・7月 梅雨 むくみ、自律神経の乱れ	カリウム： 布海苔、鱈子、ニラ、空豆、 海老、枝豆、昆布、大葉	ビタミンB_1： 豆腐、鱈子、豚レバー、 豚ヒレ肉、ラム肉、胡麻、椎茸
8・9月 盛夏 夏バテ、紫外線ダメージ	体を冷ます： 胡瓜、ケール、レタス、トマト、 枝豆、冬瓜、茄子	ビタミンC： 酢橘、ケール、トマト、レモン、 パプリカ、ライム、レタス
10・11月 乾燥季 肌機能の低下、乾燥	コレステロール： 蛸、いくら、海老、卵、 鰻、烏賊、チーズ	オメガ3脂肪酸： 荏胡麻油、穴子、鰻、 鰯、鮭、鯖、鰤、卵、秋刀魚
12・1月 厳冬 くすみ、発汗不足による乾燥	体を温める： 唐辛子、青唐辛子、生姜、 長葱、小葱、ニンニク、ニラ	鉄分： 小松菜、ほうれん草、あさり、しじみ、 牛肉、牡蠣、春菊、水菜

Column 2

美しい見た目を生む3つのこと

美しい見た目、正確に言うとその土台である美しい肌を、食事でどう叶えるかが、この本のテーマです。シミ、しわ、毛穴の目立ち、たるみ、吹き出物、肌荒れ、くすみなど、肌に関するいろいろなお悩みがありますが、一つひとつを〝点〟として考えるのでなく、肌の機能全体が正常に働くことによって、それらが緩和されていくことを目指しています。なぜなら、一つの悩みに特化してケアをすると、関連し合って機能している全体的なバランスが崩れ、結果的にほかの問題が起きやすくなるからです。

ここからは、肌の悩みを考える上で重要な課題である「老化」について考えていきたいと思います。老化には、年齢とともにどうしても避けられない「自然老化」と、年齢とは関係なく外的要因によって起こる「環境老化」があります。人の老化は、自然老化が2割、環境老化が8割ともいわれています。であるならば、8割の老化は防ごうと思えば防ぐことができるともいえます。環境老化の中で最も割合を多く占めているのは、紫外線が肌にダメージを与える光老化です。例えば、紫外線がよく当たる腕の外側と、紫外線が直に当たりにくい腕の内側の肌を比較してみた時、腕の内側は明らかにハリがあってキメが整っていると思います。紫外線の影響をほぼ受けていない肌本来のポテンシャルは、意外にこんな簡単な方法で確認することができるのです。また、光老化以外の環境老化には、肌の乾燥、精神的なストレスが過剰になることで発生する活性酸素による酸化やホルモンバランスの乱れによる肌機能の異常などがあります。

端的に言ってしまえば、環境老化を防ぐためには、紫外線を浴びない、乾燥した場所に行かない、ストレスを溜めないことに尽きますが、日常生活を送るにあたりそれらを徹底することはほぼ不可能です。そのため、スキンケアによるアウターケア、食べ物によるインナーケアで、少しでも各種のダメージを緩和することが肝心となります。ですが、それらのケアを自分の中で「やらなきゃいけない」課題であったり、「やってはいけない」禁止事項とすることでストレスに感じてしまうのはまさに本末転倒です。僕は美しい肌を育むための優先順位は、体の芯から外側に向かって、1番に精神のケア、2番に食べ物のケア、3番に化粧品のケアだと考えています。そのために、楽しく、美味しく、心地よく、インナーケアやアウターケアが自分を癒すこととして、日々のストレス解消の一助となるように、ご自身に合った方法を取り入れていただけたらと思います。

Column 3

対症療法と根本療法

前の項目で、この本が目指すのは、肌の悩みをピンポイントで解消することではなく、肌の機能全体が正常に働くことであるとお伝えしました。これは、医療の世界でいうところの対症療法ではなく根本療法を目指す、ということです。ですから、○○が悩みだから、毎日△△を食べるとか、とにかく△△をたくさん食べたほうが良い、というようには考えないでいただきたいのです。どんな栄養素も摂り過ぎれば不調をきたします。あくまでも大切なのはバランスで、この本で紹介するレシピを毎日のように食べてください、という話ではな

いのです。レシピを参考に素材や調味料がどのように効果を補完し合っているかなどを学んでいただき、ゆくゆくは材料や調理方法を置き換えてアレンジができるようになり、バランスの良い献立の立て方を身につけていただくこと、それがこの本の使命だと思っています。

　少し話が脱線しますが、僕は西洋医学を重視する、東洋医学を重視するといった考えを持っていません。いいとこ取りで良いのではないかな、と思っています。例えば、古くから伝わる中医学において、夏に摂ったほうが良いと言われる食材は、西洋医学的な科学の観点から調べても夏の体調を整えるための栄養素を豊富に含んでいることがほとんどなのです。それにしても、人の体の構造や機能が十分に解明されておらず、血液検査も栄養分析もできない時代の人が摂ったほうが良いとしていた食材が科学的に検証しても理に適っているとは、なんとも不思議なことだと思いませんか？　まだレントゲンもなかった昔、江戸時代の医師「お匙」も、触診をメインに体の悪い部分を探り当て、治療を施していたといわれています。僕は以前、その不思議さについて古代の医術に詳しい方に質問をしてみました。すると、「人間は文明の進化とともに、いろいろな感覚が鈍ってきています。昔の人は体の悪いところを察知する感覚が今よりも鋭敏だったので、体に不足しているものを感じ取る感覚も優れていたのです」という回答が返ってきました。確かに僕も日頃、頭を使う仕事を長時間した時は甘いものを口にしたい感覚を覚えますし、ストレスが溜まれば刺激的なものを食べたくなったりします。なので、この回答には漠然とですが納得感がありました。その日その日で何を食べるべきか、データ的な知識を得ることも大事ですが、もしかするとその人の体に必要なものは、その人の感覚が最もよく知っているのかもしれません。この本を読むことが皆さんの感覚を研ぎ澄ますことに繋がり、そういった体の声に耳を傾ける機会となれば嬉しく思います。

4・5月 新生活

新しい年度が始まり、慣れない人との付き合いが増え、寒暖差も激しいこの季節は、ストレスもかかりやすく、自律神経を乱しがちです。そこからホルモンバランスが崩れ、突如、ニキビができたり、普段使っている化粧品が合わなくなったり、メイクのノリも悪くなるなど、予測不能な肌トラブルに見舞われることも多くなります。自律神経の乱れは、なかなかケアすることが難しいものですが、「脳腸相関」という考え方があり、腸内環境が整うと不安が落ち着き自律神経も整うと言われています。この季節は特に、食事で腸をいたわることが大切なのです。

ビタミンB_6

ビタミンB_6はタンパク質の分解に役立ち、女性のホルモンバランスを整える働きをします。また、血液を作ることを促すためPMS（月経前症候群）の症状も和らげると言われていて、女性にはとても大事な栄養素です。何で摂れるか迷った時のために「赤身の魚」と覚えておいてください。生でなくても、ツナや鰹節も赤身の魚からできたもので、手軽に取り入れるのに便利です。

腸内環境を整える

腸内細菌を整えるには、善玉菌そのものを摂る方法と、善玉菌のエサとなるものを摂る方法があります。また善玉菌を含む食材は加熱すると菌が死んで効果がないと思われるかもしれませんが、菌の死骸も善玉菌のエサとなって増やす働きをしてくれます。併せて、腸を冷やしてしまうと腸内細菌は弱ってしまうので、冷たいものを摂り過ぎないように気をつけてください。

胡麻鮪

スライスした鮪を調味料で漬けるだけ、火を使わず栄養豊富な簡単おかず

テーマ食材

腸内環境：**塩昆布**

ひじき、メカブ、オクラ、長芋でもOK

ビタミンB_6：**胡麻**

ニンニク、粉鰹でもOK

塩昆布をひじきやメカブ、オクラに置き換える時は、
タレに醤油を少し足して味を気持ち濃いめに。
また、ニンニクや胡麻油を少し加えると
ユッケのような味わいにアレンジでき、
ビタミンB_6の摂取を手厚くできます。

食材／分量（2人分）

鮪（赤身）…100g（食べやすくスライス）
塩昆布…4g

（タレ）
白すり胡麻…大さじ1
醤油麹…大さじ1
味醂…大さじ1

（仕上げ）
白胡麻…適量
穂紫蘇…適量

1 ボウルにタレの材料をすべて入れ、混ぜ合わせる。2 バットにスライスした鮪を並べ、塩昆布をのせる。1のタレをまんべんなくかけて5分ほど漬ける。皿に盛り付けてから、白胡麻をたっぷりとふって穂紫蘇を飾る。穂紫蘇がない時は大葉の千切りでもOK。

筍の酒盗炒め

筍の歯ごたえをほどよく残し、
酒盗とニンニクで香り豊かな炒め物に

テーマ食材

腸内環境：**酒盗**
烏賊の塩辛、アンチョビでもOK

ビタミンB_6：**ニンニク**

酒盗は、主に鰹のわたを使った塩辛のことですが、
代わりに烏賊《いか》の塩辛やアンチョビを刻んで使っても、
それぞれの味わいを楽しめます。
少し寝かせることでより筍に味がしみますので、
冷まして食べるのもおすすめです。

食材／分量（2人分）

筍（水煮）…200g（ひと口大に切る）
ニンニク…2片（スライス）
唐辛子…1本（小口切り）
酒盗…大さじ1
大葉…10枚（千切りにして水にさらす）
日本酒…50ml
醤油…小さじ1と1/2
味醂…小さじ1
菜種油（炒め用）…大さじ1

1 菜種油をひいたフライパンでニンニクを弱火で炒め、香りが立ってきたら唐辛子と酒盗を入れて弱火のまま炒める。2 中火にして筍を入れ、軽く焦げ目がつくまで炒めたら、水切りした大葉の半量を加える。味付けに、日本酒、醤油、味醂の順番で加えて、弱火で5分ほど炒めて味をなじませる。器に盛り付け、残りの大葉をのせる。

鰹の香味寿司

香味野菜の爽やかな香りと酢飯の香りが食欲をそそる鰹の手こね寿司

テーマ食材

腸内環境：**塩麹**
ヨーグルトでもOK

ビタミンB_6：**鰹**
鮪、サーモン、鰤でもOK

塩麹をヨーグルト、大葉をバジル、
生姜を玉葱に置き換え、塩で味付けしてまとめれば、
爽やかで少し洋風のニュアンスにアレンジできます。
その場合、すし酢も米酢ではなく白ワインビネガーを使うと
より相性が良くなります。

食材／分量（2人分）

鰹…1柵（やや厚めに切る）
A
- 大葉…10枚（千切りにして水にさらす）
- 小葱…5本（小口切り）
- 生姜…親指1本程度（すりおろす）
- 塩麹…大さじ1

ナンプラー…小さじ1/2

（仕上げ）
ミントの葉…20枚

（酢飯）
米…2合
水…400ml
B
- 米酢…大さじ2
- 蜂蜜…小さじ4
- 塩…小さじ2

1 米を分量の水で炊く。Aをまな板の上で叩いてペースト状にする。**2** 鰹をボウルに入れ、1のペーストとナンプラーを加えてまんべんなく和える。**3** Bを混ぜ合わせすし酢を作る。炊き上がったご飯にすし酢を回しかけ、粗熱を取りながら切るように混ぜ酢飯を作る。器に酢飯を盛り、2の鰹をのせてミントをちらす。

韓流納豆鍋

韓国の発酵大豆ペーストを使った鍋、
〃チョングッチャン〃を納豆で再現

テーマ食材

腸内環境：**納豆**
酒粕、奈良漬でもOK

ビタミンB_6：**ニンニク**
青唐辛子でもOK

納豆が苦手な場合は、酒粕や、奈良漬のみじん切りを代わりに使ってもまた違った味わいを楽しめます。辛いものが苦手でなければ、青唐辛子を少し追加することで、ビタミンB_6の摂取をより手厚くできます。

食材／分量（2人分）

牛バラ薄切り肉…100g（ひと口大に切る）
キムチ…100g（ひと口大に切る）
胡麻油（炒め用）…大さじ1
木綿豆腐…1丁
ニラ…10本（5cmに切る）
塩…1つまみ
水…700ml

（タレ）
ひきわり納豆…40g（1パック）
コチュジャン…大さじ1
オイスターソース…大さじ1
醤油…大さじ1
味醂…大さじ1

（ニラ下味用）
ニンニク…1片（すりおろす）
胡麻油…小さじ1
豆板醤…小さじ1
蜂蜜…小さじ1/2

1 よく熱した鍋に胡麻油をひき、牛肉、キムチの順に入れ、強火で焦げ付かないよう混ぜながら炒める。**2** 水を加えて5分ほど煮込む。タレの材料を混ぜ合わせた納豆ダレを加えたら、木綿豆腐をちぎって入れ、さらに5分ほど煮込む。**3** ニラに塩をしてしんなりさせてから、合わせておいた下味用の材料で和える。鍋の火を止める直前にニラをのせて、鍋ごと食卓へ。

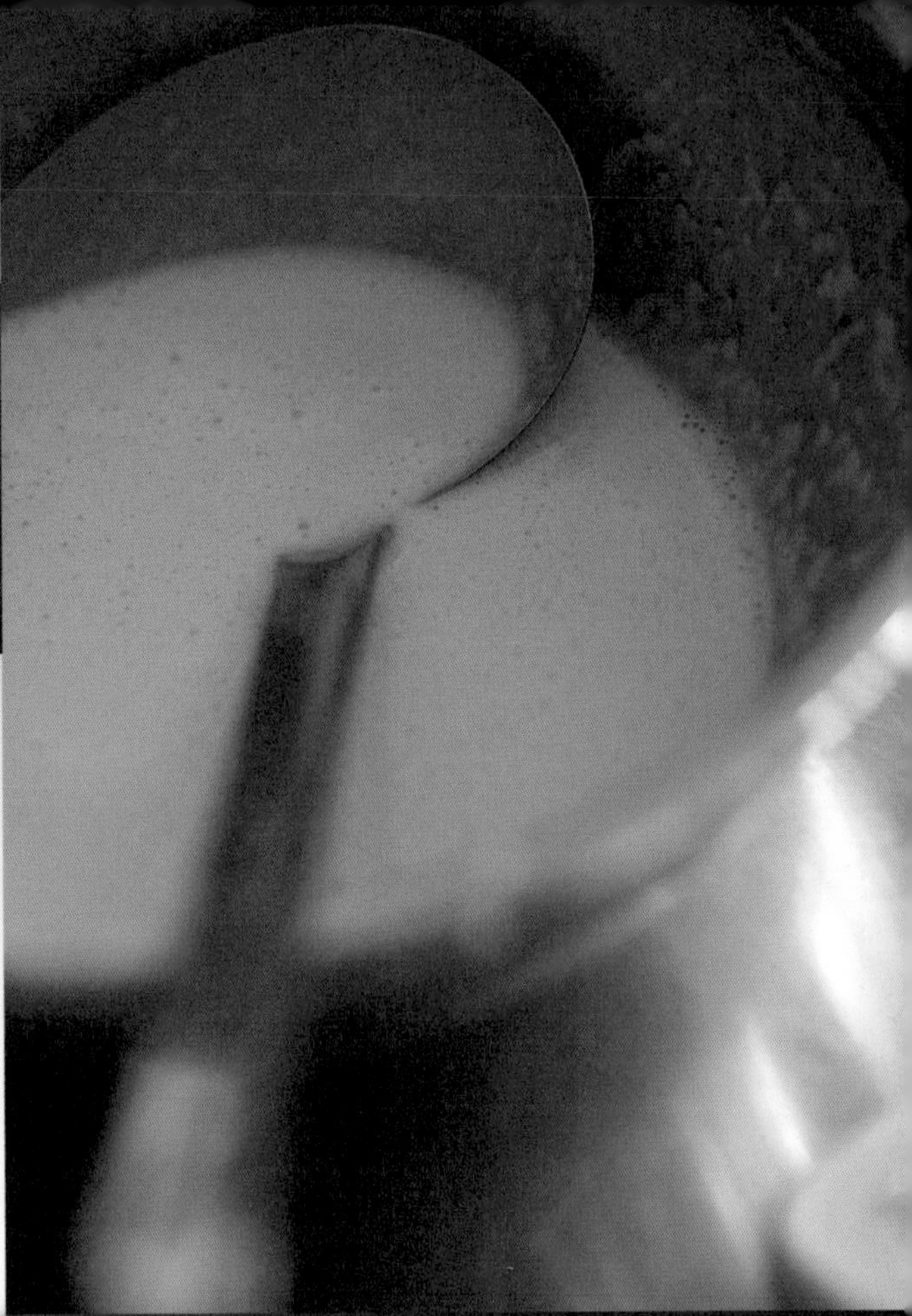

バナナのドーサ

ローストしたバナナを米粉ベースの皮で包んだ、南インド料理〝ドーサ風〟

テーマ食材

腸内環境／ビタミンB_6：**バナナ**

アボカド、栗でもOK

生地の材料は、米粉の代わりに小麦粉や
蕎麦粉を使うとクレープやガレット感覚に。
バナナをアボカドに置き換える場合は
蜂蜜は使わず、焼いた生地にのせて塩と粉チーズをふり、
カルダモンの代わりにオレガノを。栗への置き換えなら
甘露煮を使い、カルダモンの代わりにシナモンを
合わせるのがおすすめです。

食材／分量（2人分）

バナナ…1本（まず横半分に、さらに縦半分に切る）
レモン…1/4個
蜂蜜…大さじ1
オリーブ油（ロースト用）…大さじ1
ヨーグルト…大さじ4
ディル…2本（刻む）
カルダモンパウダー…小さじ1

（生地）
米粉…50g
A
卵（全卵）…1/2個
蜂蜜…小さじ1/2
豆乳…125ml
塩…小さじ1/2

1 切ったバナナはレモン汁をかけておく。よく温めたフライパンにオリーブ油をひいてバナナを焼き、軽く焦げ目がついてきたら蜂蜜をかけて絡め、火を止めてバットに上げる。**2** 生地は、材料Aを先に合わせてから米粉を少しずつダマにならないよう混ぜ合わせる（時間があれば冷蔵庫で1時間ほど冷やしておくとカリッと焼ける）。米粉は沈殿しやすいので焼く前によく混ぜ、しっかり熱したフライパンに半分量の生地を薄く広げて片面のみ焼く。**3** 焼いた生地に1のバナナ、ヨーグルト、ディルを半量ずつのせ、カルダモンパウダーをふってから巻く。

Column 4

肌が美しくある仕組み

肌の質を良くする食べ方を知るためには、皮膚科学の基礎を少し知っておく必要があります。やや専門的な話にはなりますが、ここはぜひじっくり読んで欲しいところなのです。

肌は、皮下組織の上に肌のハリや弾力を生む「真皮」、その上にターンオーバーを繰り返して絶えず生まれ変わっている「表皮」、表皮の一番上部に肌の水分を閉じ込めて外からの異物の侵入を防いでいる「角質層」、そして肌の表面には水をはじいてウイルスや雑菌を死滅させる「皮脂膜」があり、それぞれが肌をきれいに見せるための重要な役割を持っています（図A）。

肌の土台ともいえる真皮の中には、コラーゲンなどが線維状に詰まっていて、これが肌のハリや弾力を生み出しています。たるみや深いしわは、年齢に伴いこのコラーゲンが作られにくくなるとともに、多くの紫外線を浴びることによってコラーゲンが壊されることに対し、修復のスピートが追いつかなくなることで起こります（図B）。

表皮については、特に重要なのが奥深くにある細胞、メラノサイトで作られるメラニンです。メラニンは、シミの原因として敵対視されていますが、本来は遮光カーテンのような役割を担っていて、紫外線のダメージが真皮まで及びコラーゲンが壊されることを防いでくれてもいるのです（図C）。

通常、肌は日焼けをしても数週間でもとの色に戻っていきます。これは、メラニンを抱えた表皮の細胞がターンオーバーによって表面へと押し上げられ、最後には垢としてはがれ落ちるためです。もちろん、紫外線対策が不十分でメラニンが過剰に作られ排出されずに残ってしまうとシミの原因となってしまうのですが、必ずしもメラニンが悪者ではないことを覚えておいてください（図D）。大事なことは、適切な紫外線対策を行いながら、ターンオーバーを正常に保ってきちんとメラニンを排出させることです。

角質層は、表皮がターンオーバーする過程で作られます。表皮の細胞は、細胞分裂によって上へ上と押し上げられ、その役割を終える直前に細胞の中からセラミドなどの油分＝細胞間脂質を放出して死にます。この死んだ細胞が角質細胞であり、角質細胞同士の隙間を細胞間脂質が埋める形で角質層が出来上がるのです。スキンケアのカウンセリングをしていると、時おり皮脂と細胞間脂質を混同されている方がいるのですが、皮脂は毛穴から分泌されるものであり、同じ〝脂〟という字が使われていても細胞間脂質とは成分的にも役割も全く別物です。

角質細胞の中には、アミノ酸やミネラル、尿素などによるNMF（天然保湿因子）と呼ばれるものがあります。スポンジのように水分を抱きかかえることができるNMFは、肌自らが作り出す天然のうるおい成分で

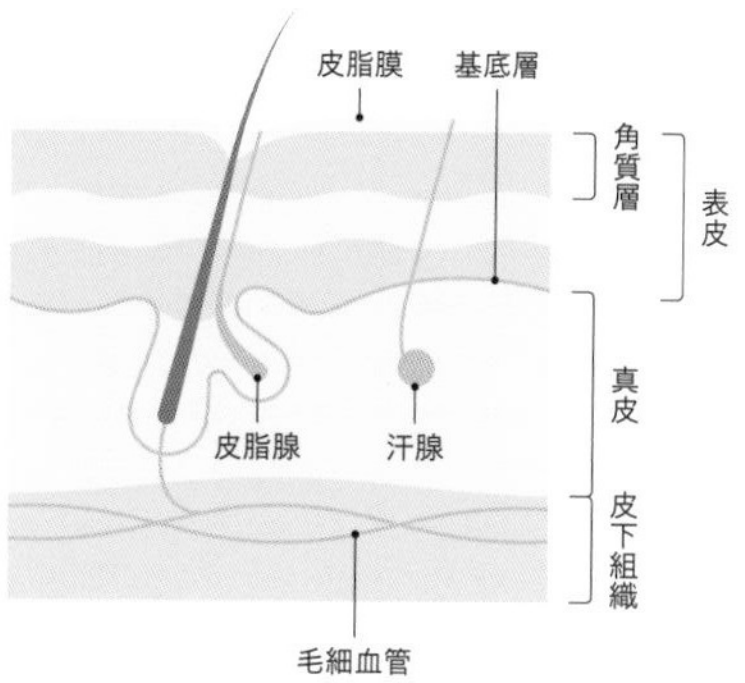

図A

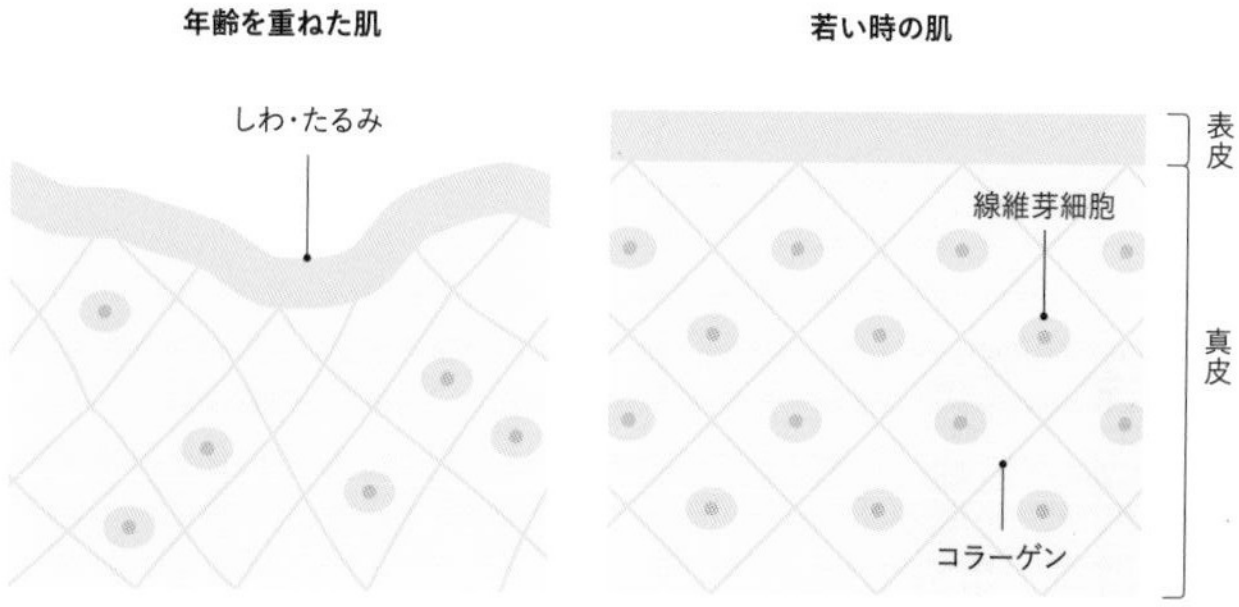

図B

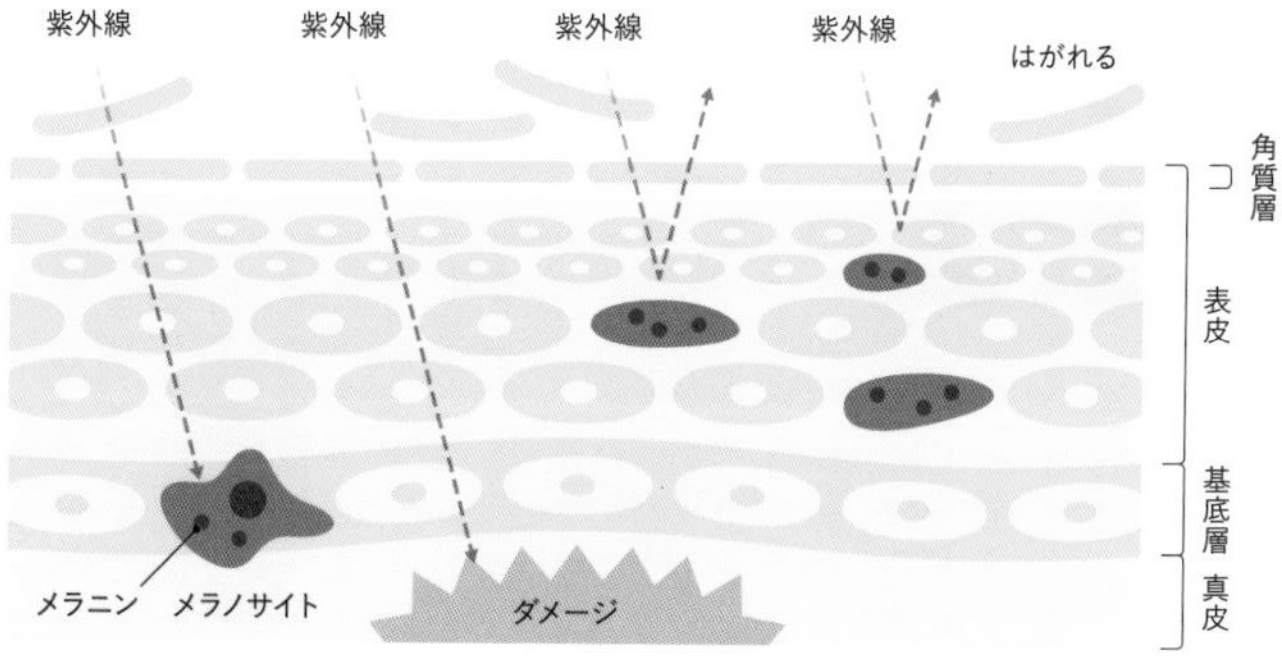

図C

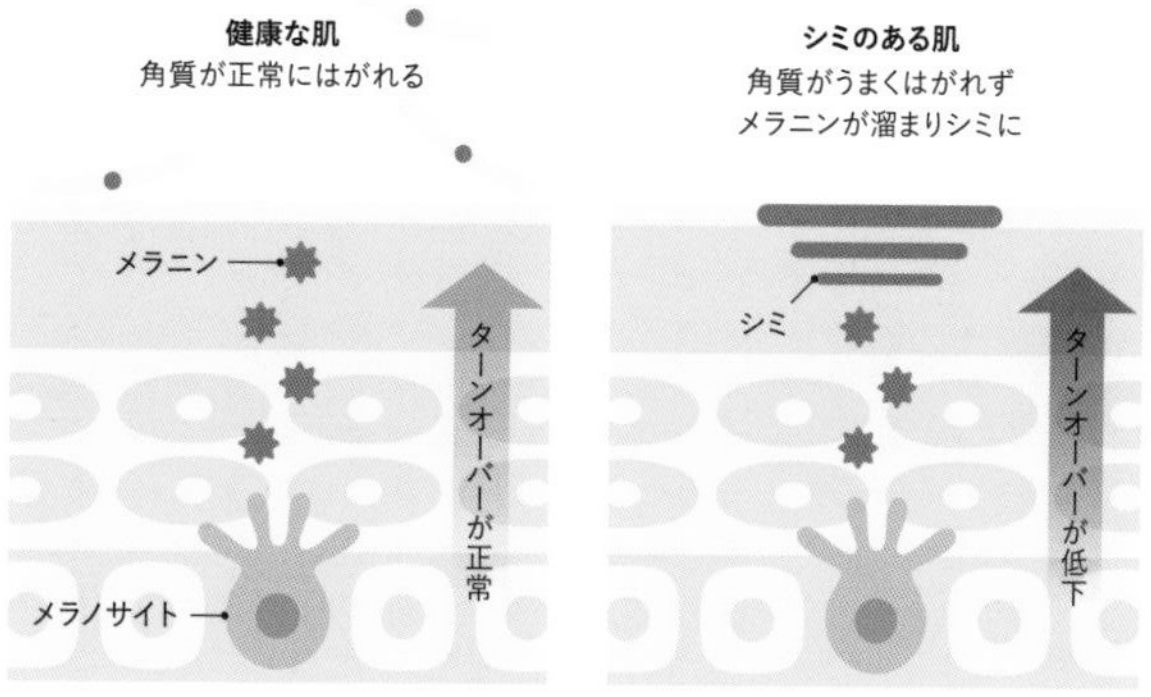

図D

す。この角質細胞の周りを細胞間脂質が取り囲むことで、食品用ラップのように肌はもちろん体内の水分が外に逃げることを防ぎ、同時に外部からアレルゲンなどの異物が侵入するのを防ぐ〝バリア機能〟を発揮します。（図E）。このバリア機能がしっかりと働いていれば、肌が乾燥することはなく、キメが整って光を綺麗に反射させ、透明感が生まれます。ちなみに、汗をかくとその一部が角質細胞に吸収されるため、発汗は自前の化粧水であり角質層の水分保持にとって重要な要素です。

　最後に皮脂膜ですが、皮脂膜といっても正常な肌環境においては皮脂がそのまま油分として存在しているわけではありません。肌の表面に存在する善玉菌が、毛穴から分泌される皮脂や汗腺から分泌される汗をエサとして、水溶性の保湿剤であるグリセリンと短鎖脂肪酸を作り、これらが混ざり合うことでできた弱酸性のクリームのようなものが皮脂膜です（図G）。この皮脂膜があるからこそ、肌の表面はカサつかずなめらかな状態が維持され、肌環境が弱酸性に保たれることで、雑菌の繁殖を防いだりウイルスを死滅させることができます（図F）。

　このように皮脂膜を構成する要素のひとつである皮脂ですが、皮脂分泌の増減はホルモンバランスや食事から摂る脂質の量が影響しています。

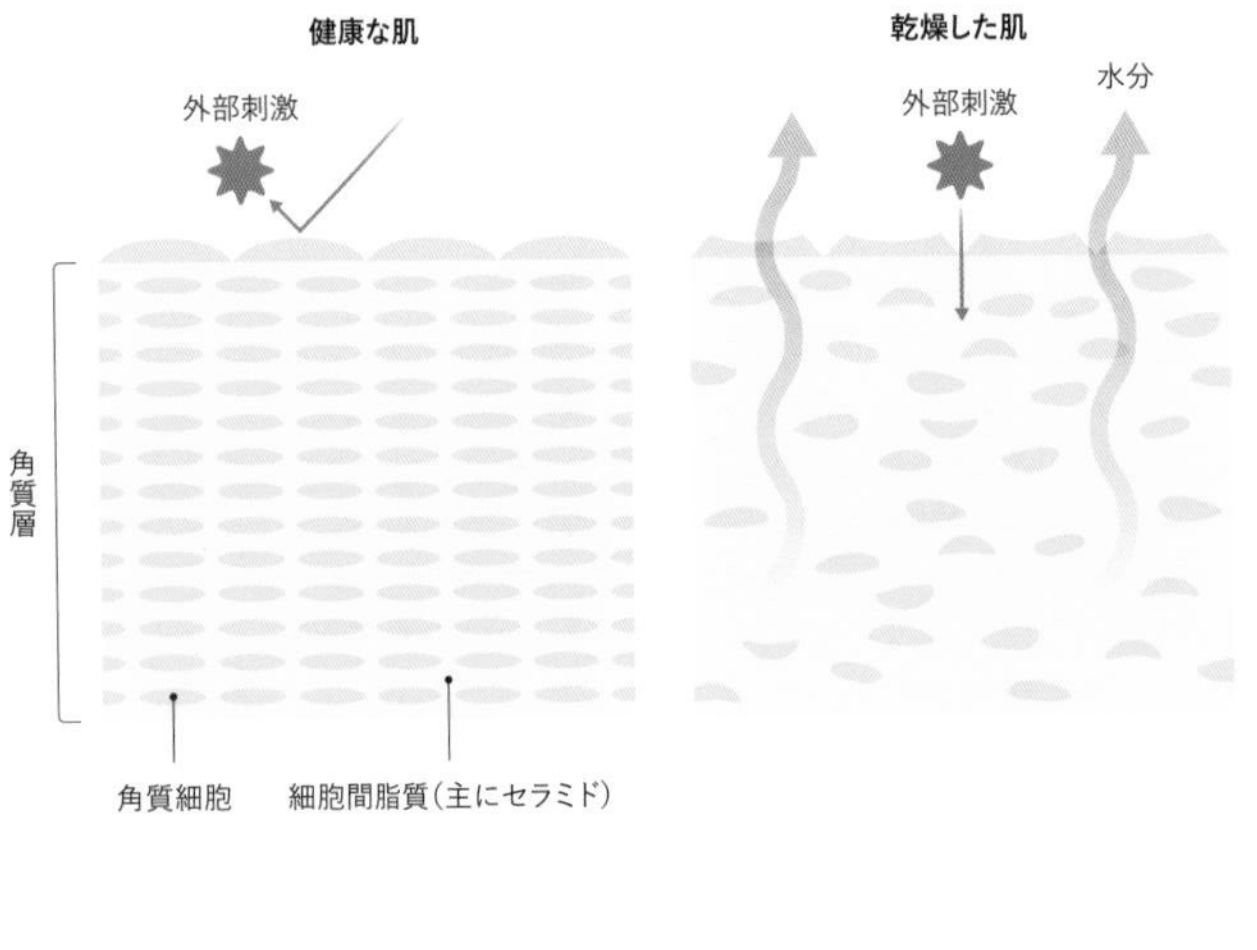

図E

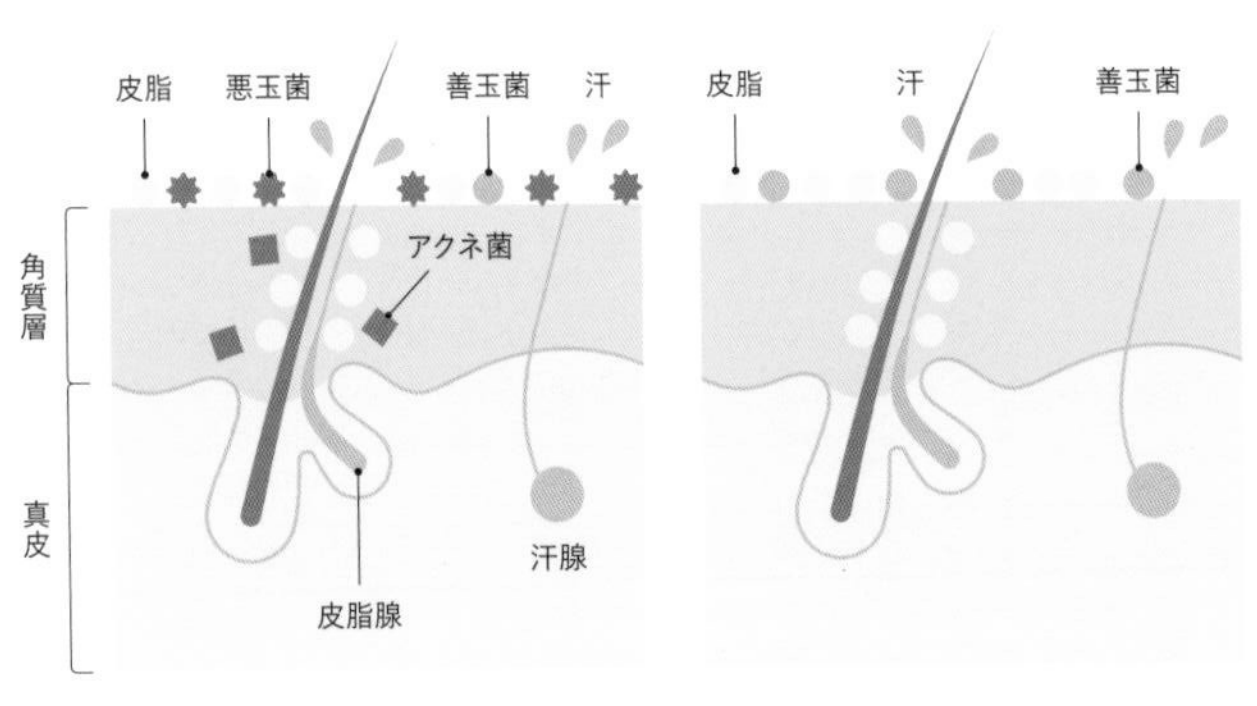

図F

皮脂が過剰に分泌されて毛穴の中に溜まると、そこが皮脂をエサとし酸素を嫌うアクネ菌の格好のすみかとなって繁殖します。それによって起こる炎症がニキビです（図H－1）。

ひと口に肌荒れといっても症状はさまざまで、皮膚科学の観点から考えると、大きく3つに分類できるのではないかと思います。1つめは、アレルゲンや異物が肌の中に侵入して起こるもの。皮脂膜や角質層は、肌の中の水分が蒸発することを防ぐとともに、外からの異物の侵入を防いでいます。この機能が弱ってしまい、アレルゲンなどが侵入すると、肌は炎症を起こします。2つめは、皮脂の分泌によるもので、先ほども出てきた皮脂が過剰になることで肌の菌のバランスが崩れて起こるニキビや、脂漏性湿疹と呼ばれるもの。3つめは、汗に関わるもので、汗腺の中に汗が詰まって起こるあせもや、肌の表面に残っていた汗に含まれる成分がアンモニア化することによって、悪玉菌が繁殖して炎症を引き起こすもの（図H－2）。肌荒れを起こしやすい人は、これらのどれに当てはまるかでスキンケアや食べ物によるアプローチで気をつけるべきポイントが変わってきますので、まずはご自身の肌の状態や悩みがどれに近いか、症状と照らし合わせてみてください。

健康な肌

図G

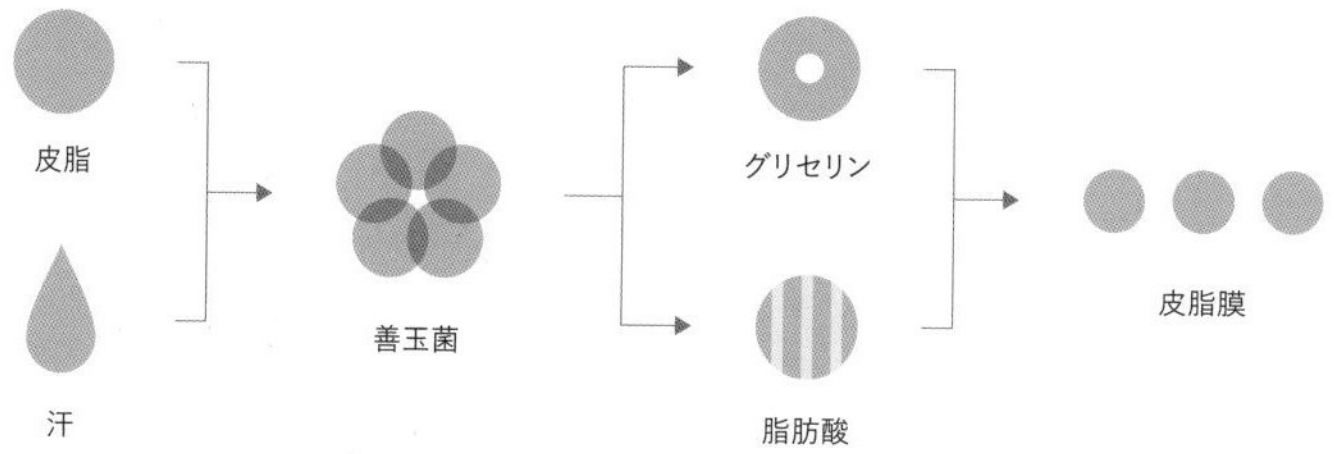

荒れている肌

図H-1

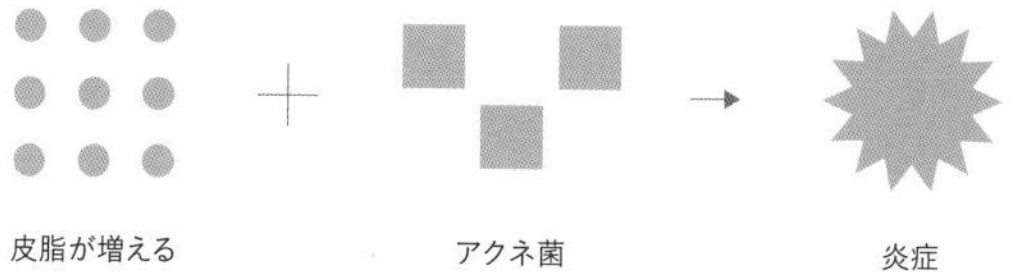

図H-2

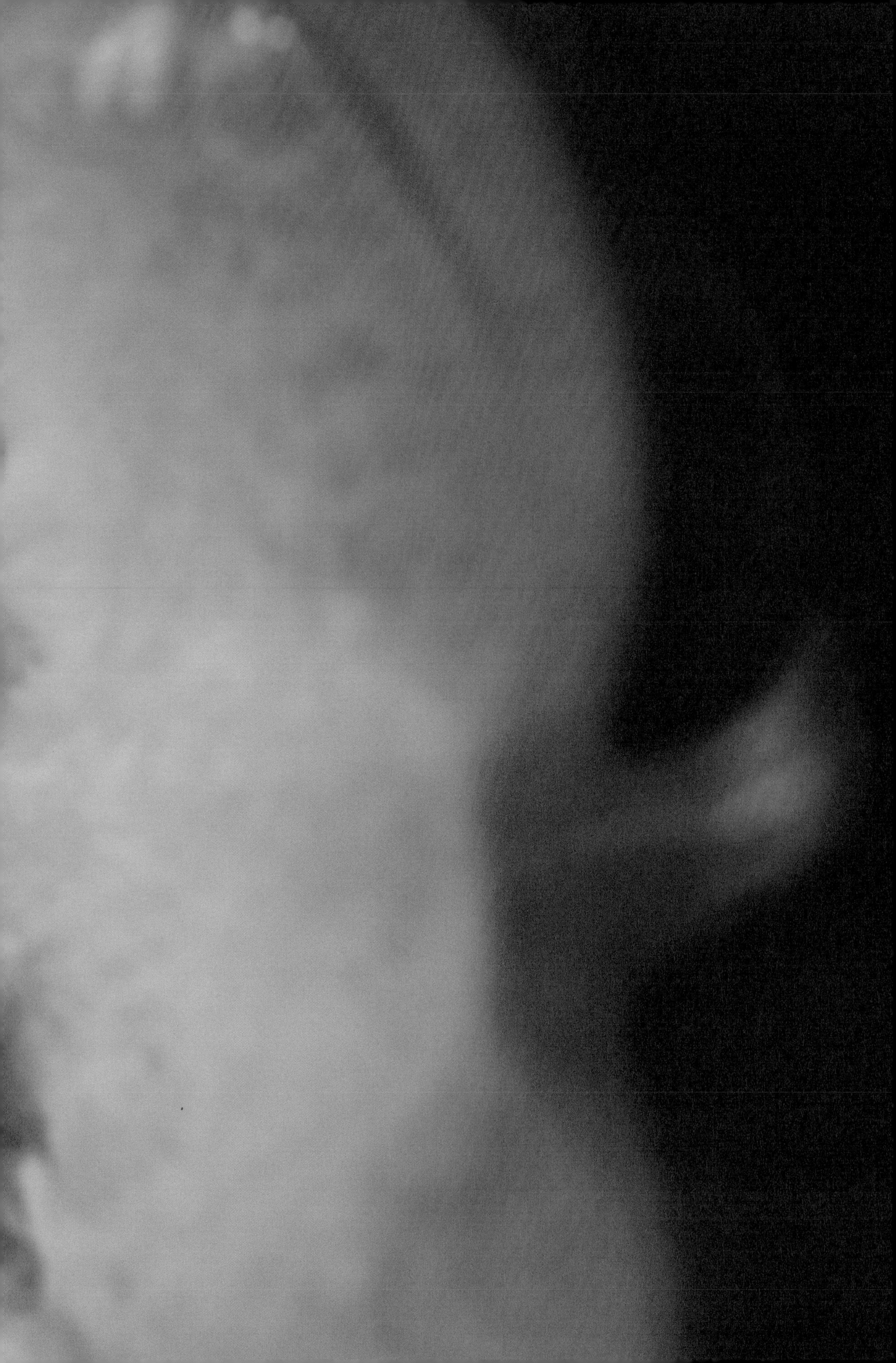

Column 5

インナーケアとアウターケアの境界線

　僕はこれまで、化粧品でのアウターケアを主として美容の提案をしてきたわけですが、アウターケアでアプローチできる領域は角質層までと考えています。もう少し詳しく言えば、角質層は表皮全体にターンオーバーの指示を出しているので、皮脂膜、角質層、ターンオーバーのコントロールがアウターケアでできる領域といえます。その理由としては、角質層には外部から異物の侵入を防ぐためのバリア機能が備わっているため、肌につけた化粧品は基本的に角質層より深い部分に届きにくく、それでも届けようとするならば、化粧品に配合するなんらかの成分で角質層を緩めるか、あるいは壊す必要があり、そこには大なり小なりの肌荒れリスクが生まれます。皮膚科学に沿って肌の構造を捉えた時、これは当然のことわりです。ですから僕は、アウターケアが適しているのは角質層まで、それより下の表皮や真皮へのアプローチは、インナーケアが適していると思っています。もちろん、角質層や皮脂膜も体の内側から作られているわけで、アウターケアのみがものをいう領域というわけではなく、インナーケアも作用しています。つまり、美容においてアウターケアは重要な位置を占めてはいるものの、インナーケアなくしては完成しないということです。

　では、ここまでにお伝えしてきたことを基に、美しい肌へと導くための食によるインナーケアにおいて、気をつけたいポイントや必要栄養素を整理したいと思います。といっても、ここでご理解いただきたいのは美容のために特別なものを摂りましょうという話ではなく、皮膚は体の一部であって、何より大事なのは体全体に必要と言われている5大栄養素（タンパク質・糖質・脂質・ミネラル・ビタミン）をバランスよく摂っていくことです。その上で、肌のどこの部分に、どの栄養素が働いているかを知ることで、コンディションに合わせてバランスや量を調整できる知識を身につけていただくことが僕の願いです。特定の肌の悩みを解決するための特効薬的な栄養素の話をよく見かけますが、それは対症療法的な考え方から繰り出されたもので、根本から肌全体が良くなっていくわけではないと思います。そもそも偏った食材を毎日摂るようなことは続きにくく、アレルギーのリスクも出てきます。本質的な価値を持つ美容術は、ブームが去ったらタンスの肥やしになってしまうものではなく、日々楽しみながら続けるうちに習慣となっていくものだと思います。

真皮のコラーゲン線維の合成と修復

真皮のコラーゲン線維は年齢とともに作られにくくなると言われますが、歳を重ねても傷口が治るのは、修復するためのコラーゲンが作り出されている証拠です。確かに傷跡が完全に消えにくくなるなど、ダメージの修復力は年齢とともに弱くなっていきますが、きちんと働いているのです。このコラーゲンの原料となるのがタンパク質で、タンパク質は体内でアミノ酸に分解され、毛細血管を通じて真皮に届き、ビタミンCや鉄分の力を借りて合成されます。

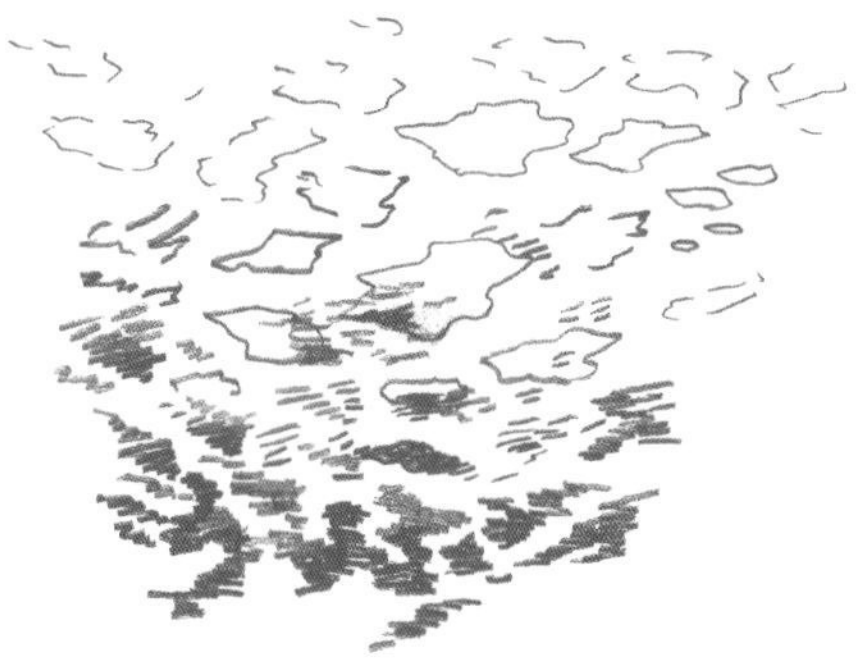

メラニンの過剰生成を防ぐ

メラニンは、紫外線を浴びたことで発生する活性酸素が細胞核内のDNAを壊すことを防ぐために作られます。ビタミンCなどの抗酸化成分を摂ると、過剰なメラニン生成を防げると言われていますが、僕はこれについては、体が抗酸化状態であって、ダメージを受けにくいと体が判断すると、無駄にメラニンが作られなくなるのではないか、という仮説を立てています。

ターンオーバーの正常化

ターンオーバーは表皮細胞の細胞分裂によって行われるので、正常なサイクルを維持するには、細胞の主原料であるタンパク質を摂ることが重要です。また、細胞を育むには血液がスムーズに巡り体温が保たれていることも重要なので、体の熱を作り出すエネルギー源、糖質も必要不可欠です。また、古くなった角質細胞（垢）がはがれることで角質層から表皮細胞にターンオーバーを進行させる指示が出ますが、角質のはがれを促す酵素は、肌表面が弱酸性の時のみに働くようになっています。肌表面を弱酸性に保つためには、皮膚常在菌の中の善玉菌がきちんと活動し、皮脂や汗をエサとして短鎖脂肪酸を作ることが重要で、そのエサとなる汗と皮脂を適度に分泌させるためには、エネルギーの代謝を促す食事の摂り方もポイントとなります。

角質層の生成

角質細胞は、表皮細胞がターンオーバーの最終段階に至ったものです。繰り返しになりますが、表皮細胞の原料であるタンパク質が重要であり、十分に摂ることで水分をたくさん保持できる角質細胞になります。また、角質細胞同士の隙間を埋めているセラミドを代表とした細胞間脂質は、食事で摂った脂質を原料として作られています。脂質を摂ることにあまり良いイメージを持てない方は多いかもしれませんが、水分をしっかり保持できる角質層を作るためには適度な摂取が重要です。また、必須ミネラルのひとつであるマグネシウムは、角質層のバリア機能を強化するといわれています。脂質だけでなくマグネシウムが欠乏した場合も肌は乾燥しやすく、外部刺激に対して脆《もろ》くなってしまいます。

皮脂の分泌

皮脂は、分泌が少な過ぎても多過ぎても問題となりますが、通常、女性は思春期に皮脂量のピークを迎え、

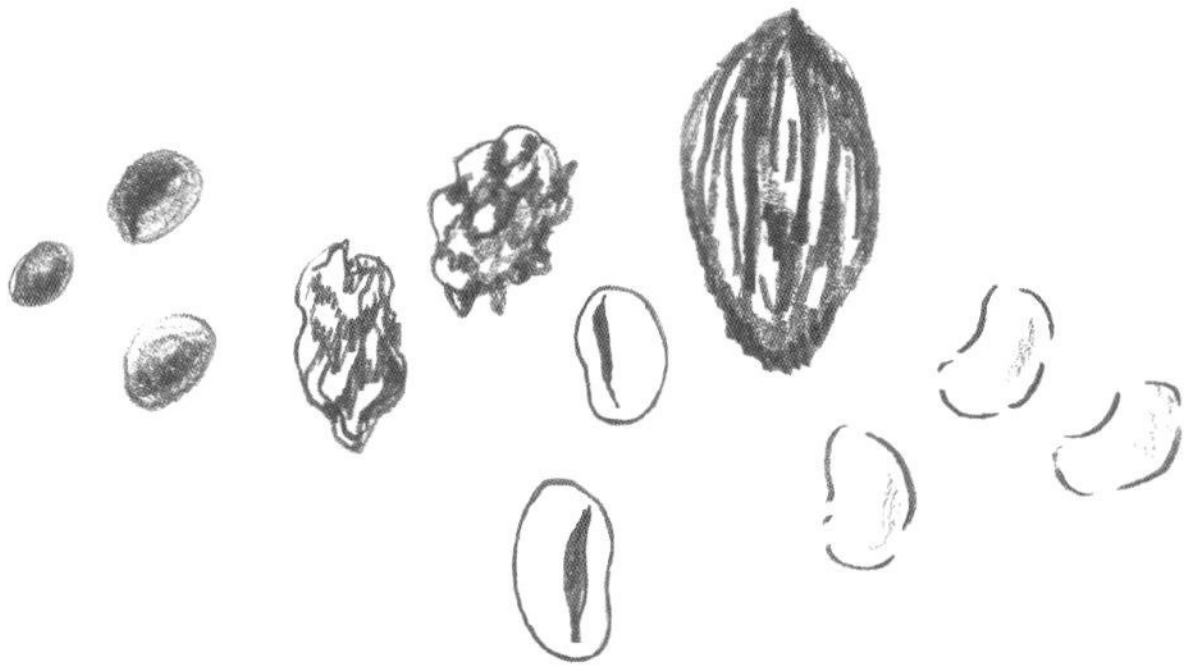

それ以降はだんだんと減少していきます。年齢を重ねて肌がカサつきやすくなるのは、この皮脂量の低下も一つの要因となるのです。また、前述の通り、皮脂が減ることによって善玉菌のエサがなくなり、短鎖脂肪酸が作られなくなると、肌の表面が弱酸性に保たれなくなるためターンオーバーの遅れを招きます。皮脂量が少ないと感じる時は、ナッツ類の脂質を摂るのがおすすめです。逆にニキビや吹き出物ができやすい、脂浮きによるテカリが気になるなど、皮脂量の多さが招く肌悩みを感じた時は、脂質の摂取を控えるとともに、脂質の代謝補酵素であるビタミンB_2を摂るようにしましょう。

汗の分泌と質

汗の一部は角質細胞に吸収され、肌をうるおすことに役立っています。実際、湿度が日本の冬以上に低く、気温は日本の夏以上に高い中東地域では、良い汗をたっぷりかける人が多いため、化粧水の類を使わずとも乾燥肌を訴える人が少ないそうです。つまり、湿度の高い低いにかかわらず、汗をかけなくなることは肌の乾燥を引き起こしやすいのです。そして汗をかくにはエネルギー代謝がきちんと行われていることが重要であり、そのためには適度な糖質が必要です。体を温めて汗の分泌を促す辛いものを、胃腸の調子を乱さない程度に取り入れるのも良いでしょう。また、汗の一部が角質細胞に吸収される際には、汗にミネラルやビタミンが含まれていると、より角質細胞の水分をキープする力が高まります。汗の質を上げるためにも、日頃からミネラルやビタミンを小まめに摂ることをおすすめします。

梅雨

6・7月

なんだか気分もさえず、頭痛やだるさを感じることも多い梅雨。そして、見た目の問題で言えば、むくみやすく、血色も悪くなってしまいがちです。ここにも自律神経が関係していて、本来、緊張状態の交感神経とリラックス状態の副交感神経が、振り子のように交互に働いてバランスを保っているのですが、気圧が低い日が続くと、交感神経ばかりが働いて、血流を収縮させてしまいます。その結果、血管の外に水分が漏れ出すことでむくむのです。食事でのアプローチも大切ですが、サウナや半身浴など自律神経を整えるケアも取り入れてみてください。

ビタミンB_1

「甘いものを食べ過ぎてむくんでしまった」という経験はありませんか？ 体の中で、糖質の代謝が追いつかずに血糖値が上がると、水分を溜め込みやすくなります。そして、その糖質の代謝を促してくれるのがビタミンB_1です。手軽に摂るには、胡麻がおすすめです。むくみが気になる時は、ご飯に、おかずに、お吸い物にふりかけて、取り入れてみてください。

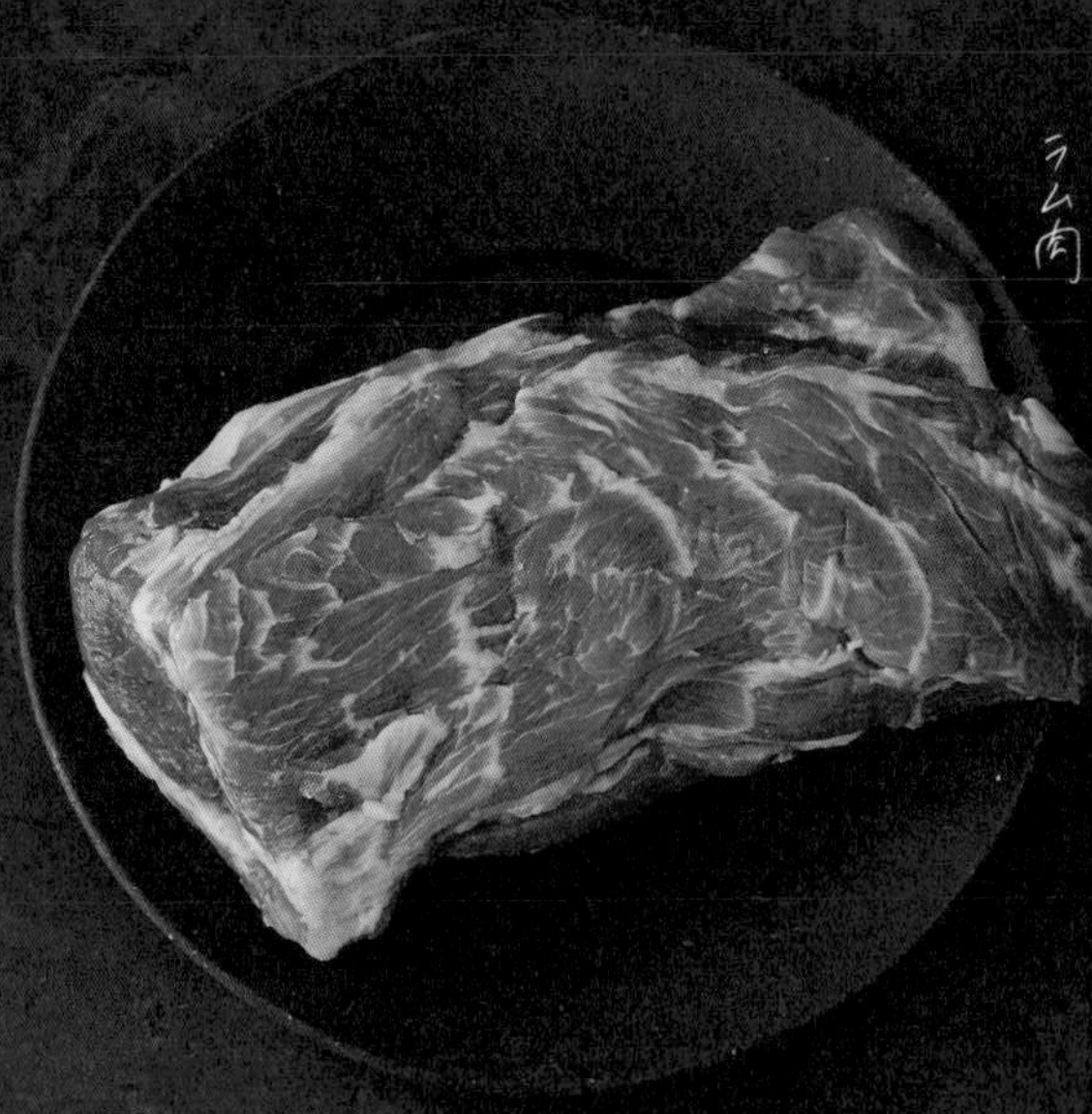

カリウム

カリウムは水分を溜め込む余分なナトリウムを排出する働きをします。むくみやすいこの季節には必須の栄養素なのです。その一方で、カリウムは、肌の中で水分を蓄えて、うるおいを保ってくれます。マグネシウムと同じく、カリウムも海水に多く含まれますので、日頃の料理で使う塩を精製塩ではなく、天然塩にすることでもカリウムが摂れて、体の水分調整ができます。

鱈子と小葱のサラダ

ご飯のお供にもなる、鱈子ドレッシングで和えた香味サラダ

テーマ食材

カリウム／ビタミンB_1：鱈子《たらこ》

いくら、数の子、ささみでもOK

鱈子のほかに、いくらや数の子もカリウムと
ビタミンB_1が豊富なので置き換えることができます。
また、湯がいたささみをほぐして加えることで、ビタミンB_1や
タンパク質の摂取を手厚くでき、食べごたえも増します。

食材／分量（2人分）

鱈子…1/2腹

A
- ニンニク…1片（千切り）
- 生姜…小指1本程度（千切り）
- 黒酢…大さじ1
- 醤油…大さじ1
- 砂糖…小さじ1
- 荏胡麻油…大さじ2

小葱…15本（5cmに切る）
芹…15本（5cmに切る）

1 ボウルにほぐした鱈子とAを入れ、よく混ぜ合わせてドレッシングを作る。**2** 小葱と芹を加え、鱈子ドレッシングを全体に行き渡らせるように混ぜ合わせる。皿にこんもりと盛り付ける。

タンドリーレバニラ

スパイスを入れたヨーグルトで漬け焼きしたレバーに、
ニラのソースを添えたアジアンなレバニラ

テーマ食材

カリウム:**ニラ**
ミントでもOK

ビタミンB_1:**豚レバー**
豚ヒレ肉でもOK

ミックススパイスは、カレー粉大さじ3でも代用可能です。
レバーが苦手なら、豚ヒレ肉を使っても
ビタミンB_1をしっかり摂れるのでおすすめです。
ソースはニラをミントに置き換えても、
よりアジアンな印象で楽しめます。

食材/分量(2人分)

豚レバー…150g
ヨーグルト…120g
A
- ニンニク…2片(すりおろす)
- 生姜…小指1本程度(すりおろす)
- 塩…小さじ1
- 菜種油…大さじ3

(ミックススパイス)
パプリカパウダー…大さじ3
レッドチリパウダー…小さじ1
クミンパウダー…大さじ1/2
コリアンダーパウダー…大さじ1/2
ガラムマサラ…大さじ1/2

(ソース)
ニラ…5本(ザク切り)
塩…小さじ1/2
B
- ニンニク…1片(軽くつぶす)
- 蜂蜜…小さじ1/2
- 荏胡麻油…大さじ1
- 水…大さじ2

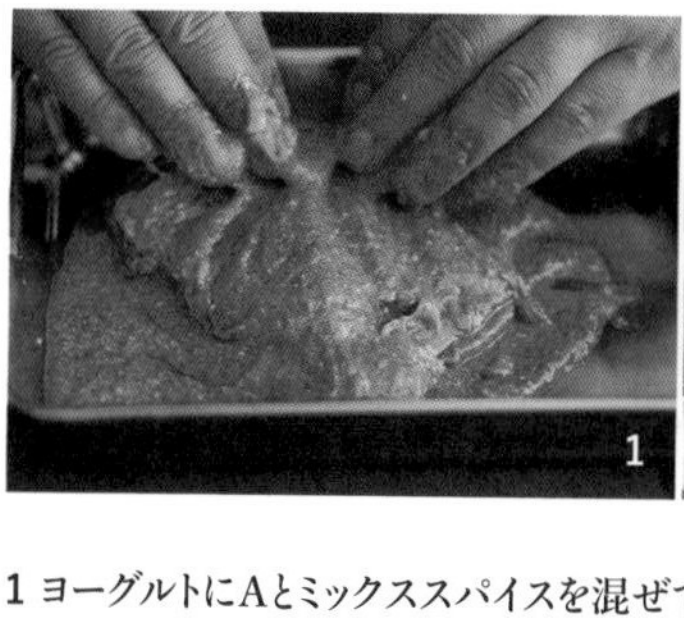

1 ヨーグルトにAとミックススパイスを混ぜて作ったタンドリーソースに、豚レバーを漬けて10分以上置く(前日から漬けてもOK)。**2** 1のソースから豚レバーを取り出し、180℃に予熱しておいたオーブンで15分程度焼く。**3** 豚レバーを焼いている間にニラのソースを作る。ニラに塩を加えて強めに揉み込み、しんなりしたらBを加えてブレンダーにかける。焼き上がったレバーを皿に盛り、ソースをかける。

海藻豆腐

高タンパク低カロリー、食物繊維も充実でお腹を満たす豆腐煮込み

テーマ食材

カリウム：**布海苔**
とろろ昆布、ひじき、ワカメでもOK

ビタミンB_1：**豆腐**

さまざまな海藻と相性が良いので、
布海苔やあおさ海苔にこだわらず
手に入りやすいものでOK。
また、水の半分量を豆乳にするとよりタンパク質が摂れ、
まろやかな味になるのでお好みで試してみてください。
白醤油を少し増やして味を濃いめにし、
ご飯の餡かけにするのもおすすめです。

食材／分量（2人分）

布海苔…5g
あおさ海苔…5g
鶏むね挽き肉…100g
絹ごし豆腐…1丁
長葱（青い部分）…1本
生姜…親指1本程度（厚切り）
水…800ml

A
- 白醤油…大さじ2
- 味醂…大さじ2
- 日本酒…大さじ2
- 柚子胡椒…小さじ2

片栗粉…小さじ1（倍量の水で溶く）
塩…適量（お好みで）

（仕上げ）
小葱…適量（小口切り）

1 鍋に鶏むね挽き肉を入れ、火にかける前に、水を少しずつ注ぎながら挽き肉がダマにならないようによくかき混ぜる。**2** 1の鍋に長葱の青い部分、生姜を加え、時々かき混ぜながらふつふつと沸騰する程度の弱火で10分煮込んだら、長葱と生姜を取り出す。**3** 2の鍋にAを加えてから布海苔とちぎったあおさ海苔を入れ、最後に絹ごし豆腐をひと口大にちぎりながら入れる。強火にし沸騰したところで水溶き片栗粉を入れてとろみをつけ、塩で味を調える。器に盛り、小葱をのせる。

羊肉と空豆のビリヤニ

巡りを良くするラム肉と空豆で梅雨不調を防ぐ、スパイス香る炊き込みご飯

テーマ食材

カリウム：**空豆**
枝豆、アボカド、ドライトマトでもOK

ビタミンB_1：**ラム肉**
豚ヒレ肉、豚モモ肉でもOK

空豆が手に入らない時は、枝豆やアボカドでも置き換え可能です。ドライトマトはカリウムのほかに抗酸化成分のリコピンなども摂れ、味わいに酸味が加わるのでラム肉はもちろん豚肉とも良く合います。

食材／分量（2人分）

ラムロース肉…100g（ひと口大に切る）
空豆…20粒（茹でて皮をむく）
ジャスミンライス…1.5合
水…270ml（米と1:1の量が目安）

A
- ヨーグルト…大さじ1
- ニンニク…1片（すりおろす）
- 生姜…小指1本程度（すりおろす）
- 玉葱…1/4個（みじん切り）
- カルダモンパウダー…小さじ1/2
- ガラムマサラ…小さじ1/2
- 菜種油…大さじ1
- たまり醤油…大さじ1
- 味醂…大さじ1

B
- 塩…小さじ1
- クローブ…4粒
- ベイリーフ…1枚
- ターメリックパウダー…小さじ1

（仕上げ）
フライドオニオン…適量

1 Aを混ぜ合わせたソースにラム肉を10分漬ける。鍋にさっと研いだジャスミンライスと水を入れ、Bを加える。2 ジャスミンライスの上に1のラム肉をのせる。3 2の鍋に蓋をして火にかけ、沸騰したら弱火にして、10分経ったら火を止める。空豆を入れ、蓋をして10分蒸らす。蒸らし終わったらフライドオニオンをのせる。お好みで相性のいいミントの葉をちらしても。

豆乳海老担々麺

海老味噌と白胡麻ペースト、滋味あふれるスープも飲みほしたい担々麺

テーマ食材

カリウム：**赤海老**

豚挽き肉でもOK

ビタミンB_1：**白胡麻ペースト**

ピーナッツペーストでもOK

赤海老の頭を豚挽き肉に置き換えれば、定番の担々麺に。
白胡麻ペーストの代わりにピーナッツペーストを加えると、
濃厚で食べごたえのあるスープになります。
即席の乾麺であれば、スープにそのまま入れてもOKです。

食材／分量（2人分）

赤海老…4尾
生姜…小指1本程度（薄切り）
菜種油（炒め用）…大さじ1
日本酒…大さじ2
水…500ml

A
- 味醂…大さじ2
- 白醤油…大さじ2
- 白胡麻ペースト…大さじ2

豆乳…600ml

B
- 砂糖…小さじ1
- 塩…小さじ1
- 白すり胡麻…大さじ1
- 花椒…小さじ1（すりつぶす）
- 辣油…大さじ1

長葱（青い部分）…1本（斜め薄切り）
中華麺…2玉

1 赤海老は頭を外して殻をむき、背わたをとる。よく温めた鍋に菜種油をひき、赤海老の頭をつぶしながら生姜と一緒に、中火で焦げ目がつく程度に炒める。**2** 1に日本酒をふりかけてふつふつとしたところで水を加える。沸騰させアクを引きながら5分煮込んだら、赤海老の頭を取り出してAを加える。弱火にしてから豆乳、赤海老の身を入れる（ここからは沸騰させない）。**3** 中華麺は粉を落とす程度にさっと湯がいておく。2のスープにBを加えて味を調えたら、麺をスープに入れて器に盛り、長葱をのせる。

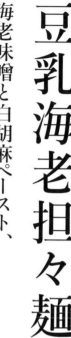

Column 6

栄養の摂り方

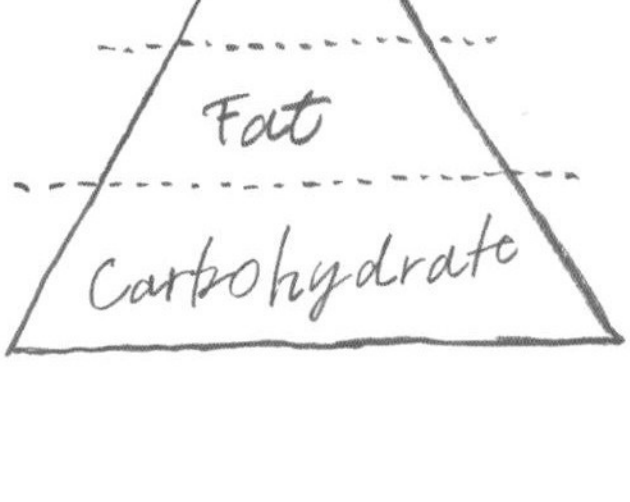

食によるインナーケア「食べる美容」の第一歩として始めていただきたいことは、1日に必要なタンパク質量をきちんと摂ることです。細胞を構成する成分のうち、7割を占める水を除くと、いちばん多く占めているのはタンパク質なのです。一般的な成人の必要タンパク質量は、体重の1／1000g、つまり体重50kgの人ならば50gです。実際の食材で表すと、タンパク質が豊富と言われる鶏むね肉のタンパク質量は100gにつき20g程度ですから、1日に50g摂るには鶏むね肉を250gも食べる必要があります。1日にこの量はとても食べられない、という方でもプロテインを併用するなどして、まずは必要量を1週間続けて摂ってみてください。もし、日頃からタンパク質が足りていないとすれば、これだけで肌の触り心地が変わってくると思います。そのタンパク質が充実した状態こそが、ご自身の肌の本当のポテンシャルであることをぜひ実感していただきたいのです。

　体の中でタンパク質を有効活用するためには、炭水化物（糖質）を併せて摂ることが重要です。炭水化物が足りないと、タンパク質の一部がエネルギーとして消費されてしまうため、コラーゲンや細胞の原料が十分に補われなくなるのです。最近では、特に美容の世界において糖質を忌み嫌う傾向があります。もちろん糖質の摂り過ぎは、太りやすさに繋がったり、細胞の糖化を招いて老化を進行させます。ただ、体を動かすにも、頭を使うにもエネルギー源である糖質は必要不可欠な栄養素で、適度に取り入れるべきものです。栄養の基本バランスとして、PFCバランス（Protein＝タンパク質、Fat＝脂質、Carbohydrate＝炭水化物）という指標があります。この指標でみる理想的なバランスは、タンパク質15％、脂質25％、炭水化物60％といわれています。先ほど体重50kgの人の必要タンパク質量は50gとお伝えしましたが、それを基にPFCバランスを計算す

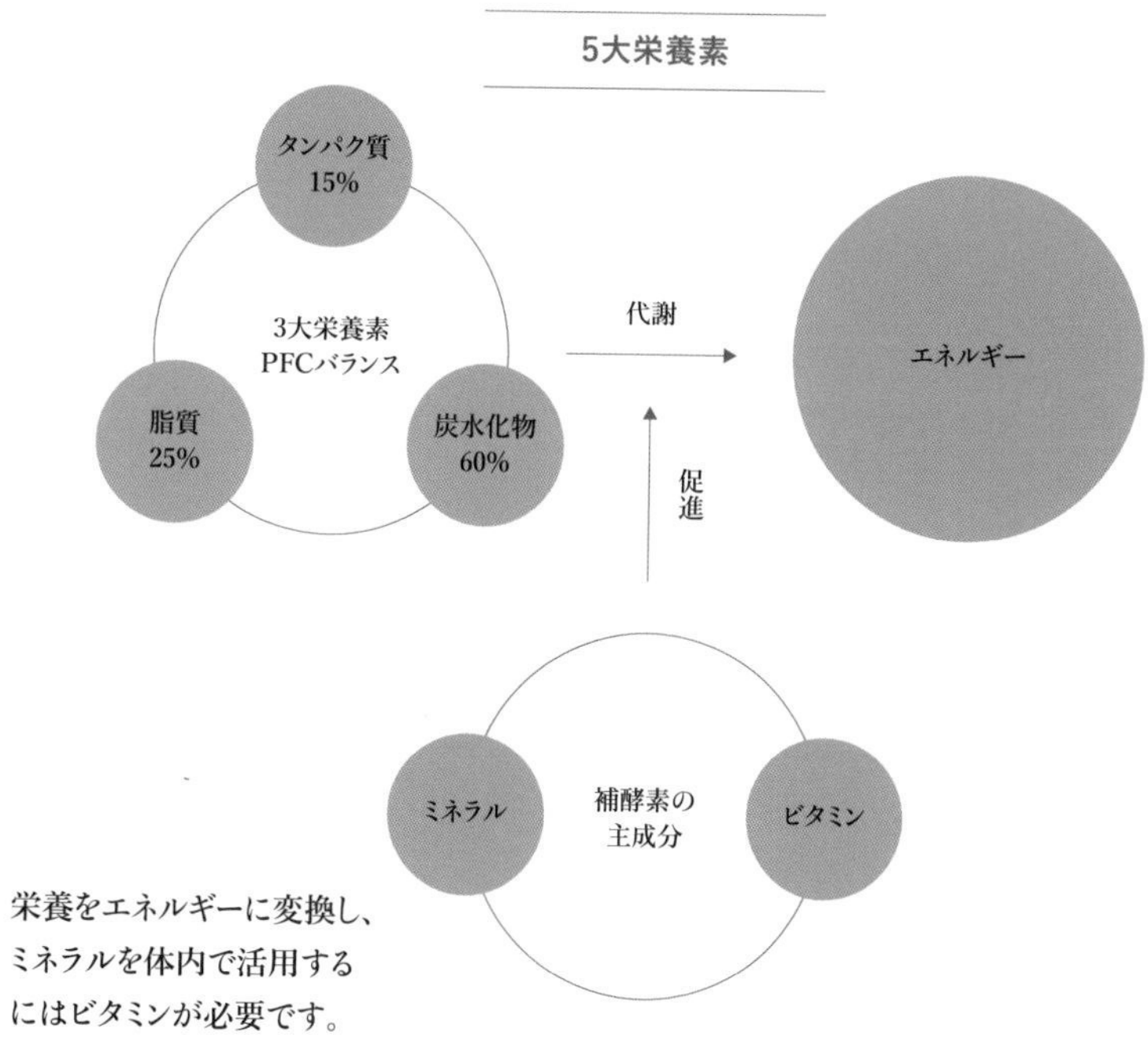

栄養をエネルギーに変換し、
ミネラルを体内で活用する
にはビタミンが必要です。

ると、脂質は80g程度、炭水化物は200g（米1・7合）程度です。このように日々正確に計算してくださいということではないのですが、細胞やコラーゲンを作るためにはタンパク質が重要で、ターンオーバーを促すためには糖質が必要で、水分を保持するためには脂質が必要、というようにバランスによって成り立っていることを理解していただきたいのです。そして1つの栄養素を著しく制限するのではなく、体をあまり動かさない時は糖質や脂質を減らす、血色が悪い時は糖質を少し増やす、肌がカサつく時は脂質を少し増やす、というようにコンディションに合わせて食材選びや調理方法を意識できると良いと思います。

タンパク質、脂質、糖質の3大栄養素に加えて、5大栄養素の残り2つ、ビタミンとミネラルにはたくさんの種類があり、そのほかの栄養素には食物繊維、水、酵素、フィトケミカルなどがあります。しかし、これらすべての栄養素を把握して毎日の食事に取り入れることは不可能に近いので、ここでは僕が考える美容と健康のベースを作るのに着目すべき栄養素を次のページにまとめておきます。これら以外の栄養素は、必要ないというわけではありませんが、偏食にならなければ、通常の食事の中で自然と摂れるレベルで差し支えないと考えています。

話は少しそれますが、日本の都道府県の中には、美肌の県と呼ばれる場所がありますが、そのような場所は湿度や紫外線量、日照時間などの条件がそろっているほかに、もともと根づく食習慣が大きく影響しているのではないかと僕は推測しています。それらの地域の郷土料理を分析してみると、タンパク質・脂質・糖質に加えて、ビタミンやミネラルのバランスと質が良いと感じることが多いためです。そういった、実例の裏づけともいえる栄養の知識を基に、美味しく、楽しく、手軽に続けられるご自身にあった食生活を送っていただけたらと思います。

ビタミンC

コラーゲンの合成に重要な役割を果たします。血管、歯や軟骨を正常に保つためにも欠かせません。活性酸素による細胞の酸化(老化)を防ぐために必要な抗酸化成分の基本です。

ビタミンE

ビタミンCが水溶性の抗酸化成分であるのに対し、ビタミンEは脂溶性の抗酸化成分で、細胞の脂質部分を酸化から防ぎます。また、ビタミンEの中のα-トコフェロールは抗炎症効果も併せ持っています。

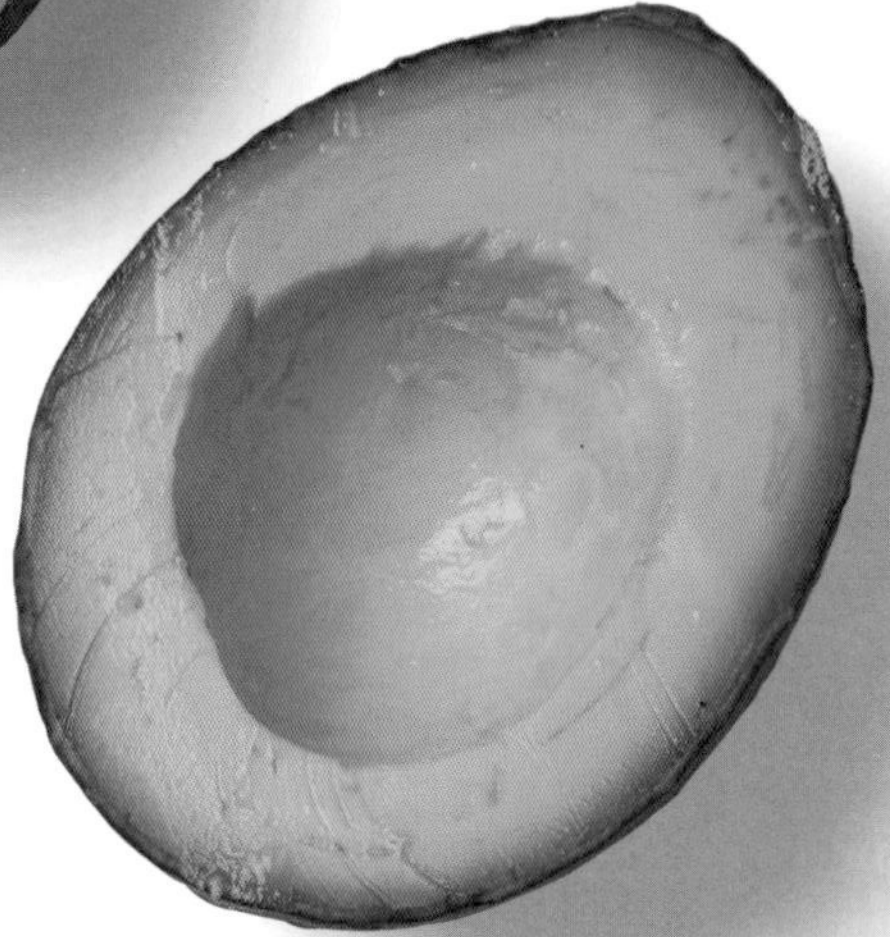

明るくハリのある
美肌を保ち
日々をいきいきと
過ごすのに必要な
ビタミン類

ビタミンB群

ビタミンB群の中には3大栄養素である糖質・脂質・タンパク質、それぞれの代謝を促す補酵素があります。糖質の代謝(糖を分解してエネルギーに変換)がなされることで体温が上がり、血流が良くなってターンオーバーが促進されます。脂質の代謝(性質を変化させて全身に運ぶ)がなされることで皮脂の過剰な分泌が抑制され、ニキビや吹き出物ができにくくなります。タンパク質の代謝(アミノ酸に分解されて小腸から血管へ吸収)がなされ、真皮に運ばれることで肌のコラーゲンや細胞が生まれ変わります。

マグネシウム

体内で起こる約300種類以上もの酵素の働きやエネルギーの産生を助け、骨の健康にとっても重要なミネラルのひとつです。肌においては、角質層のバリア機能を強化し、うるおいをキープするのに欠かせません。また、肌にとって刺激となる異物が侵入することを防ぎ、ヒリつきを感じるなど敏感になった状態を改善したい時にも有効です。

体の構成材料であり
代謝に関係する
ホルモンや酵素の
役割を果たす
ミネラル類

鉄分

全身に酸素を運搬する役割が主なので、肌の血色やクマの改善、ターンオーバーの促進などに有効です。また、アミノ酸からコラーゲンを合成する際にも重要な役割を果たします。

カリウム

カリウムは体の水分量を調整します。気圧や湿度の変化、塩分の取り過ぎやお酒の飲み過ぎ、睡眠不足などでむくみを感じる時に有効です。

調味料を味方につける

こだわりの調味料を使って、短時間で手軽に満足度の高い旨みに。
少し贅沢をした分、栄養も充実し体も喜びます。

日々忙しく過ごしている中で、「丁寧に出汁を取る」というのが負担に感じる方は多いと思います。ただ、そこで合成のうま味調味料や加工品を持ち出してしまう前に、こんな選択肢もあるということを、ここでぜひお伝えしたいのです。味噌や醤油、酢、味醂など、昔ながらの製法で時間をかけて作られた調味料を使うと、味を付けながらちゃんと旨みまで賄えます。油にしても、溶剤抽出法と圧搾法では、やはり圧搾法のほうがコクや旨み、栄養素が豊かです。確かに値段は少し張りますが、例えば発酵を利用して醸造された本味醂や醤油はアミノ酸を豊富に含み、腸内環境を整えてくれて、栄養の観点からもその価値は高いので、高価なサプリメントの分を調味料にかけてみてもいいのではないでしょうか。また、粉鰹や貝柱などの乾物は、ご飯を炊く時やスープなどに入れると出汁を取りながらそれ自体も具になります。これは手抜きではなく、短時間で手軽に美味しさもアップする術としてとてもおすすめです。

上質な牡蠣エキスの旨みや、味醂、油のコクで味わいた奥行きを。

菜種油

菜の花から成分を壊さないよう圧搾絞りをした菜種油に、胡麻油をブレンド。酸化に強く、揚げ物を美味しく仕上げられると料理家にも人気。ユーサイド／圧搾 金菜油(キンサイユ)／910g

オイスターソース

化学調味料、合成保存料無添加。広島産牡蠣100%の牡蠣エキスや有機米酢で作られたこだわりのソース。センナリおいしさ研究所 大地／オイスターソース／250g

胡麻油

白胡麻を原料に、熟練の職人が季節や天候などから美味しくなるタイミングを見極め、添加物などを使わず昔ながらの製法で作る一番絞りの胡麻油。山田製油／一番絞りごま油／275g

味醂

もち米から醸造されたブドウ糖、ビタミンBやビタミンD、アミノ酸などの栄養素を豊富に含む、160年の伝統が生かされたオールマイティな本味醂。甘強酒造／甘強本みりん／500ml

プロの味に近づく、厳選素材と伝統製法から生まれた味噌、醤油、酢。

米酢

農薬不使用の米を「米酢」と表示できる量の5倍も使用した濃厚な旨み。明治26年の創業から変わらぬ製法で、料理を愛する多くの人が信頼を寄せる酢。飯尾醸造／純米富士酢／900ml

味噌

国内産丸大豆1に対して、愛媛県産の裸麦を使った麦麹を4の割合で合わせて。あとは塩と水のみ、麹の甘みを感じる贅沢な味噌。田中屋／純正 麦こうじみそ／800g

たまり醤油

長期醸造により味は一般醤油の3.3倍、栄養は5.3倍という濃厚さ。寿司や刺身をつけたり、蒲焼きなど焼き物の色や香りづけにも最適。関ケ原醸造／関ケ原たまり醤油／300ml

黒酢

京都・丹後にて、栽培期間中に農薬不使用で栽培された玄米と良質の水を使って古式「静置発酵」、「長期熟成」させて作られたまろやかな黒酢。飯尾醸造／富士 玄米黒酢／500ml

知って使えば味わいの幅が広がる、ほんの少し変化球な調味料。

たまり醤油

国産大豆と天日塩を使って、200年物の杉桶で仕込んだ天然醸造。3年間かけて熟成された上質なたまりは、醤油とはまた違った照りと甘み。伊藤商店／傳右衛門たまり／720ml

荏胡麻油

大分県杵築市で無農薬栽培された荏胡麻の種を低温直圧搾油法で生搾り。搾油機も日本産にこだわり、荏胡麻特有のクセを感じない上質な味。きつきのきづき／EGOMA OIL／100g

白醤油

江戸時代からの伝統的な製法、小麦と大豆の割合が9:1で作られた淡い色みと甘みが特徴。素材の色みをいかして味付けできる点も魅力。ヤマシン醸造／ヤマシン白醤油（特級）／360ml

ナンプラー

一般的なナンプラーのように砂糖を使わず、カタクチイワシと塩を2年間も長期熟成。和風出汁としても使える、丸みのある香りと深く濃い旨み。ヤムヤム／王国のナンプラー／200ml

盛夏

8・9月

薬膳の世界でも言われる通り、健康な食事の基本は、自身が生活する地域の旬の食材を食べることです。魚や肉も、夏は脂肪が少なく、冬には増え、体をその季節の気温に適応させてくれます。特に野菜は、体温調整に加えて、体を適度な水分量に調整してくれます。夏の野菜は、体の熱を冷まし、余分な水分を排出するのに加えて、強い紫外線で体に発生する活性酸素を吸収する、抗酸化作用が高い栄養素が豊富です。季節の食材を楽しみ、その風情を感じながら食事をすることこそが、美容にも健康にも良いということは、人と自然の素晴らしい関係性だと感じます。

ビタミンC

ビタミンCは、紫外線によって発生する活性酸素を吸収して、体の酸化ダメージを軽減してくれます。また、シミの原因となるメラニンが過剰に作られることを防いだり、肌の細胞の再生にも役立ち、美容になくてはならない栄養素です。夏野菜は、緑色のものは体の熱を冷まし、赤や黄色のものは抗酸化作用が高いと考えて、バランス良く摂るようにしてください。

体を冷ます

夏野菜の多くは、梅雨と同じく体の水分調整をするカリウムが豊富で、発汗を促して体を冷ましてくれます。この効果は冷たい料理でも、温かい料理でも、同じように得ることができます。暑くて食欲がない時は、冷たい料理も良いと思いますが、夏であっても、腸を冷やし過ぎて、腸内細菌が弱ってしまうと、肌荒れなどの原因にもなりますので気をつけてください。

太刀魚の南風咖喱

東南アジアの旅ご飯を思わせる、トマトベースの魚カレー

テーマ食材

体を冷ます／ビタミンC:**トマト**

パプリカでもOK

トマトの代わりにパプリカを使う場合は、
ブレンダーでペースト状にし、スパイスと一緒によく炒めて
火を入れてください。このカレーは、ご飯はもちろん、
タイやベトナムの米麺と合わせて
和え麺にするのもおすすめです。

食材／分量（2人分）

太刀魚…2切れ

A
- 玉葱…1個（みじん切り）
- ニンニク…2片（みじん切り）
- 生姜…親指1本程度（みじん切り）
- 塩…1つまみ

ホールトマト（缶詰）…200ml（つぶす）

水…350ml

B
- ココナッツミルク…100ml
- オイスターソース…大さじ1
- ナンプラー…小さじ1
- 蜂蜜…小さじ1

菜種油（炒め用）…大さじ1

（ミックススパイス）
- クミンパウダー…小さじ1
- ターメリックパウダー…小さじ1
- コリアンダーパウダー…大さじ1
- シナモンパウダー…小さじ1
- カイエンペッパー…小さじ1

（仕上げ）
- パクチーの葉…適量（3cmに切る）

1 よく温めた鍋に菜種油をひき、Aを入れてうっすら飴色になるまで炒める。ミックススパイスを加え、まぶしながら炒め合わせたら、ホールトマトを加えてさらに1分炒める。水を加え5分ほど煮込んだらBを加える。2 太刀魚はあらかじめ塩、胡椒（ともに分量外）をしておき、よく温めたフライパンに少量の菜種油（分量外）をひいて焼き目をつける。3 1のカレーに2の太刀魚を入れ、弱火で5分ほど煮込む。器に盛り付けてパクチーの葉をのせる。

干し海老とローストケールのサラダ

ケールをさっとロースト、焦げ目の香ばしい香りが食欲をそそるサラダ

テーマ食材

体を冷ます／ビタミンC:**ケール**

ロメインレタス、ちりめんキャベツ、紫キャベツでもOK

ローストしてもしんなりしないロメインレタスや
ちりめんキャベツ、紫キャベツなど、
比較的肉厚の葉物野菜は置き換え可能です。
レモンではなくライムを使うと、アジアっぽい印象の味わいに。

食材／分量(2人分)

ケール…8枚
干し海老…大さじ2
ニンニク…1片(薄切り)
A
- ナンプラー…大さじ1
- 味醂…小さじ2
- 蜂蜜…小さじ1

レモン…1/4個
黒胡椒(粒)…大さじ1
菜種油(炒め用)…大さじ1
菜種油(ロースト用)…大さじ1

1 フライパンに菜種油をひき、弱火でニンニクを炒める。香りが立ってきたら干し海老を加えて軽く炒める。Aを混ぜたものを加えて、軽く沸騰させたら火を止めてからレモンを搾る。**2** ちぎったケールをバットにのせ、菜種油を全体に行き渡るようにまわしかける。180〜200℃のオーブンまたはオーブントースターで1分ほど焼く。**3** 2をボウルに移し、1のドレッシングをかけてさっくりと和えてから器に盛り付け、すりつぶした黒胡椒をパラリとかける。

冬瓜酸辣素麺

夏バテで元気のない体も喜ぶ
冷たい素麺を酸味と辛味の効いた、温かい汁につけて

テーマ食材

体を冷ます:**冬瓜**
茄子、ズッキーニでもOK

ビタミンC:**パプリカ**
トマトでもOK

酸っぱ辛い味付けのスープは、体を冷ます働きのある
茄子やズッキーニなどの夏野菜とも合います。
パプリカが手に入らない時はトマト、
素麺は、稲庭うどんや中華麺などに置き換え可能です。

食材/分量(2人分)

冬瓜…1/6個(皮をむきひと口大に切る)
鶏むね肉…100g(ひと口大に切る)
椎茸(生)…2個(1cm角に切る)
パプリカ…1/2個(1cm角に切る)
菜種油(炒め用)…大さじ1
水…600ml

A
- オイスターソース…大さじ2
- 醤油…大さじ2
- 味醂…大さじ2
- 黒胡椒…大さじ1/2(粗挽き)
- 白すり胡麻…大さじ1
- 塩…小さじ1〜2(お好みで)
- 花椒…小さじ1(すりつぶす)
- 辣油…大さじ1

酢…大さじ2
素麺…2人前

(仕上げ)
パクチーの葉…適宜

1

2

1 よく温めた鍋に菜種油をひき、鶏むね肉を入れ、表面が白くなるまでさっと炒める。椎茸とパプリカを加えてさらに炒めたら水を注ぎ、冬瓜とAを入れて10分煮込む。2 素麺を茹でて冷水で締め、水を張った器に入れる。1のつけ汁を温めて酢を加え、それぞれの器に注ぐ。お好みでパクチーをのせる。

枝豆のスパイシー酒蒸し

クミンの香りとレモンの酸味が食欲をそそる、晩酌にもぴったりな枝豆

テーマ食材

体を冷ます：**枝豆**
空豆でもOK

ビタミンC：**レモン**
ライムでもOK

枝豆を空豆に置き換える場合は鞘から外し、
薄皮は残した状態で酒蒸しにしてください。
仕上げの柑橘はレモンのほかに
ライムやかぼすも相性良く楽しめます。
また、お好みで粉チーズをかけるのもおすすめです。

食材／分量（2人分）

- 枝豆…200g
- ニンニク…2片（みじん切り）
- クミンパウダー…小さじ1
- 菜種油（炒め用）…大さじ1
- 日本酒…50ml
- 黒胡椒…小さじ2
- レモン…1/4個

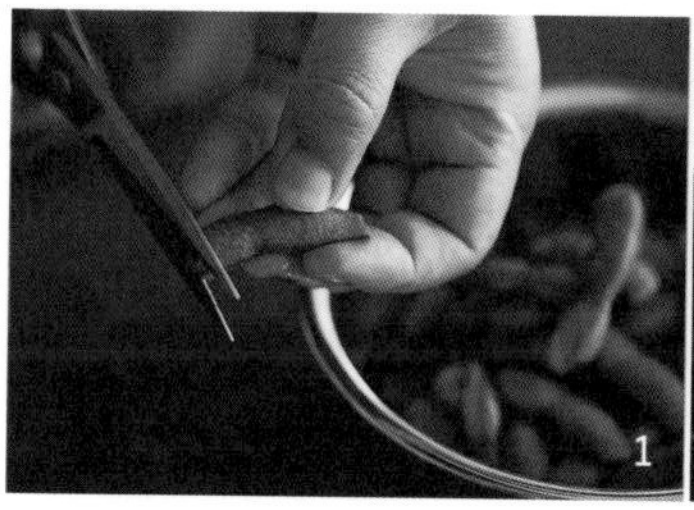

1 枝豆は味と熱のなじみを良くし、食べる時に鞘から取り出しやすいように両端をハサミで切り、小さじ2程度の塩（分量外）を揉み込み鞘のうぶ毛を取る。**2** フライパンに菜種油をひき、こんがりとするまで弱火でニンニクを炒める。中火にして枝豆、クミンパウダーを入れて軽く炒め、日本酒を注ぎ蓋をして5分程度酒蒸しに。仕上げに黒胡椒をふり、レモンを搾る。

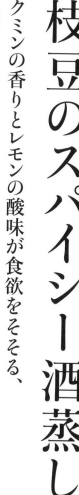

胡瓜の雑炊

胡瓜をすりおろし、
暑い日でも胃腸への負担なく
サラッと食べられる雑炊に

テーマ食材

体を冷ます:**胡瓜**
ケール、枝豆でもOK

ビタミンC:**酢橘**
レモン、かぼすでもOK

枝豆(下茹でして鞘から外す)やケールを使う場合は、
ブレンダーでペースト状にして加えてください。
挽き肉と一緒に玉葱(みじん切り)を加えると、
やや洋風のニュアンスとなり、レモンとの相性も良くなります。
また、冷やご飯を使えば
煮る時間を5分程度に短縮できます。

食材/分量(2人分)

鶏むね挽き肉…100g
生姜…小指1本程度(すりおろす)
胡瓜…1本(すりおろす)
米…1合
水…800ml
青唐辛子…1本(小口切り)
A 粉鰹…小さじ1/2
A 味醂…大さじ2
A 白醤油…大さじ2
塩…1つまみ

(仕上げ)
小葱…2本(小口切り)
オリーブ油…小さじ2
酢橘…適量

1

2

3

1 鍋に鶏むね挽き肉を入れ、そこに生姜を混ぜ合わせる。火にかける前に水を少しずつ注ぎながら挽き肉がダマにならないようにかき混ぜる。2 1を時々かき混ぜながら、弱火でふつふつと沸騰させ、青唐辛子とAを加える。生米を加え、蓋をして15分ほど中火にかける。3 2に胡瓜を加え、しっかり温まったら塩で味を調える。器に盛り、小葱をのせ、オリーブ油をまわしかける。酢橘を添えて食べる時に搾る。

Column 7

甘酒のすすめ

キウイ甘酒

紫外線の多い時季に
長時間外出する時

甘酒…200ml
ヨーグルト…大さじ2
キウイ…1/2個
レモン汁…1/4個分
小松菜…2枚

材料をブレンダーで
よく攪拌する

卵甘酒

肌の乾燥が気になる時

甘酒…200ml
卵…1個
バニラエッセンス…2〜3滴

溶き卵をかき混ぜながら、
80℃に温めた甘酒を
少量ずつ加えていき、
最後にバニラエッセンスを
2〜3滴加える

ブルーベリー甘酒

花粉の時季に肌荒れする時

甘酒…200ml
ヨーグルト…大さじ2
ブルーベリー…40g

材料をブレンダーで
よく攪拌する

「飲む点滴」とも呼ばれる甘酒は、その発祥を調べると古墳時代まで遡るといわれており、江戸時代には夏バテ予防として飲まれていたそうです。その栄養素を見てみると、まず体内では生成できず、食事で摂る必要がある9種類の必須アミノ酸がすべて含まれています。また、ビタミンB群も含んでおり、そのほかにも抗酸化成分、抗光老化成分、紫外線吸収成分など、美容の面でメリットのある成分が多様に含まれています。腸内環境を整える効果もあり、忙しくて食事の栄養素のバランスまで考える余裕がない時にも、取り入れやすい便利な飲み物です。甘酒には酒粕を水に溶かして砂糖を加えたものと、米と麹を混ぜて発酵させた麹甘酒の

きな粉甘酒

食事でのタンパク質が
足りない時

甘酒…100ml
豆乳…100ml
きな粉…大さじ2

材料をブレンダーで
よく撹拌する

バナナ甘酒

むくみを感じる時

甘酒…200ml
バナナ…1/2本
シナモンパウダー…少々

甘酒とバナナを
ブレンダーでよく撹拌し、
コップに注いで
シナモンパウダーを
ふりかける

クリームチーズ甘酒

ニキビ・吹き出物・
脂浮きが気になる時

甘酒…200ml
クリームチーズ…大さじ1
レモンゼスト…少々

甘酒とクリームチーズを
ブレンダーでよく撹拌し、
コップに注いで
レモンゼストをちらす

2種類があります。それぞれに含まれる美容に効果のある成分は微妙に異なるため、1対1で混ぜるのが理想的ではありますが、手軽に飲むのであれば、アルコール分が含まれない点も踏まえ、後者の麹甘酒がおすすめです。その時々の肌悩みに合わせ、ほかの素材とミックスしてスムージーにするとより飲みやすく、必要な栄養を効率よく摂れるので、いくつかレシピをご紹介しましょう。

10・11月

乾燥季

多くの人を悩ませる乾燥の季節ですが、食事でのケアは慌てずに、ＰＦＣバランス（P.80～81参照）の基本に立ち返って欲しいのです。タンパク質は肌の水分を蓄え、脂質は肌をなめらかにし、炭水化物は血流を促してくすみを防ぎます。その昔、母から「急に肌が乾燥するようになった」と相談を受けたことがありました。スキンケアは今まで通り、変えたことと言えば、健康診断の結果から、脂質を極端に控えていたことでした。その後、適度な脂質を摂るようにした結果、肌の乾燥も落ち着いたようです。乾燥対策は何かの栄養素を極端に増減させるのではなく、バランスが重要なのです。

オメガ3脂肪酸

適度に必要なコレステロールですが、その種類には悪玉と善玉の2種類があります。悪玉を下げ、善玉を上げ、さらに中性脂肪を下げてくれるのがDHA・EPA・α-リノレン酸といったオメガ3脂肪酸です。このオメガ3脂肪酸は体内では合成されないので、食事で摂ることが重要です。手軽に摂るなら亜麻仁油や荏胡麻油などを料理にかけて取り入れるようにしてください。

コレステロール

コレステロールと聞くと悪者のイメージがありますが、肌の水分をキープするために、とても重要な脂質です。また、最近の研究では、特別な疾患を抱える人でなければ、基準値の範囲内で、血液中のコレステロール濃度が高いほうが、死亡率が低いとも言われています。摂り過ぎには注意が必要な脂質ですが、美容と健康のために適度に取り入れるようにしてください。

鰻とクレソンのサラダ

クレソンの爽やかな香りと、鰻の蒲焼きの濃厚な味わいが相性の良いサラダ

テーマ食材

コレステロール／オメガ3脂肪酸：鰻
穴子でもOK

生の鰻や穴子を使う場合は、
醤油（50ml）、味醂（100ml）、日本酒（100ml）、水（300ml）
砂糖（大さじ1）で30分ほど中火で煮込み、
焼き網か魚焼きグリルで5分焼いて
軽く焦げ目をつけてください。

食材／分量（2人分）

鰻の蒲焼き…150g
クレソン…10本（5cmに切る）
小葱…10本（5cmに切る）
黒酢…50ml
荏胡麻油…大さじ2
塩…2つまみ
黒胡椒…2つまみ（荒挽き）

1 鍋に黒酢を入れて焦がさないように弱火で1/3程度の量になるまで煮詰める。**2** 鰻の蒲焼きは、焼き網か魚焼きグリルなどで温めて2cm幅に切る。**3** ボウルにクレソンと小葱を入れて、荏胡麻油とよく和え、その後、塩をまんべんなくふって和える。2と混ぜ合わせて器に盛る。黒胡椒をふりかけたら1をまわしかける。

穴子の卵咖喱

穴子の白焼き×半熟の卵とじ。とろっと食感が新鮮な和風カレー

テーマ食材

コレステロール:**卵**
鱈子でもOK

オメガ3脂肪酸:**穴子**
鰻、鯖、鰯でもOK

穴子と食感が近いのは鰻ですが、
鯖缶や鰯の缶詰にも置き換え可能です。おつまみとして、
ご飯にのせて、かけ蕎麦やかけうどんにのせるなど、
いろいろな食べ方ができます。

食材／分量(2人分)

穴子…1/2本
玉葱…1/4個(くし切り)
長葱(青い部分)…1本(5mm幅の斜め切り)
セロリ…1本(薄切り)
卵(全卵)…2個

(ミックススパイス)
ターメリックパウダー…小さじ1
コリアンダーパウダー…小さじ1
クミンパウダー…小さじ1

A
醤油…大さじ1
たまり醤油…大さじ1
オイスターソース…大さじ1
辣油…大さじ1
砂糖…大さじ1
粉鰹…小さじ1
牛乳…100ml
片栗粉…小さじ1
ニンニク…1片(すりおろす)

菜種油(炒め用)…大さじ1

1 カレー液を作る。ボウルに卵を割り入れて溶き、A、ミックススパイスを加えてよく混ぜる。穴子は焼き網か魚焼きグリルで焼き目をつけてから、ひと口大の短冊状に切る。**2** よく温めたフライパンに菜種油をひき、玉葱、長葱、セロリを入れて炒める。**3** 2に穴子をのせ、1のカレー液を流し入れる。親子丼の要領で卵がとろっとする程度に火を通し、皿に盛り付ける。お好みで三つ葉をのせても。

ココナッツ香るはらこ飯

鮭の身といくらを使った宮城県の郷土料理、
はらこ飯を少し南国風にアレンジ

テーマ食材

コレステロール:いくら
鱈子でもOK

オメガ3脂肪酸:鮭
鱈でもOK

鮭のはらこ関係ではなくなりますが、
代わりの食材として鱈と鱈子の親子も、
ココナッツミルクやレモンと相性の良い組み合わせなので、
アレンジレシピとしてお楽しみください。

食材/分量(2人分)

生鮭…2切れ
いくら…大さじ2
鮭とば…10g(ハサミで細かく切る)
米…1.5合
水…270ml

A
ココナッツミルク…大さじ2
日本酒…大さじ1
味醂…大さじ1
白醤油…大さじ1
塩…小さじ1

ディル…3本(ちぎる)

(仕上げ)
レモン…適量

1 土鍋に研いだ米と水を入れて、Aと鮭とばを加えて蓋をし、火にかける。火加減と時間の目安は、中火にかけてふつふつと沸騰したら弱火にして10分、火を止めて蒸らし時間を10分。2 鮭は焼き網か魚焼きグリルで皮に焼き目を付ける程度に焼き、ひと口大に切る。ご飯が炊けたら、蒸らし時間に入る前に米の上にのせる。3 1の蒸らしが終わったらいくらとディルをのせる。さっくりと混ぜて器に取り分け、食べる前にレモンを搾る。

蛸と日本ハーブのラープ

蛸のミンチを使い日本のハーブを合わせた、
タイの〝ラープ〟スタイルのサラダ

テーマ食材

コレステロール：**蛸**
海老、烏賊でもOK

オメガ3脂肪酸：**荏胡麻油**
亜麻仁油、胡桃、アーモンドでもOK

蛸を、海老や烏賊に置き換えて使うと
また違った味わいに。荏胡麻油の代わりになるのは
亜麻仁油ですが、砕いた胡桃などを
トッピングすることでもオメガ3脂肪酸を補えます。

食材／分量（2人分）

蛸…100g（5mm角に切る）
菜種油（炒め用）…大さじ1
青唐辛子…2本（小口切り）
A ナンプラー…大さじ2
　砂糖…小さじ1
B 芹…10本（5cmに切る）
　小葱…10本（5cmに切る）
　三つ葉…10本（5cmに切る）
　ミントの葉…20枚
荏胡麻油…大さじ1
ライム…1/2個

1 よく温めたフライパンに菜種油をひき、蛸を入れ、水気が無くなりこんがりするまで炒める。そこに青唐辛子を加えてさらに1分炒める。2 火を止めてからAを加えてライムを搾る。ボウルに移し、粗熱が取れたところでBと荏胡麻油を加え、よく和える。皿にふんわりと盛り付ける。

トムヤム海鮮しゃぶしゃぶ

トムヤムスープでたくさんの海鮮やキノコをしゃぶしゃぶに。〆には米麺を加えて

テーマ食材

コレステロール：**海老**
烏賊、蛸、白子でもOK

オメガ3脂肪酸：**鰤**
鱈、鱸、真鯛でもOK

トムヤムスープの味のベースとなるレモングラス、パクチーの根、青唐辛子、タイの生姜、バイマックルーなどのハーブ類は、アジア食材店で入手可能ですが、ない時は市販のトムヤムペーストを活用しても。

食材／分量（2人分）

赤海老…4尾
生蛸…100g（ひと口大に切る）
鰤…100g（ひと口大に切る）
お好みのキノコ…適量（食べやすい大きさに切る）
パクチーの葉…1本（刻む）
フォー（米麺）…2人前

（スープ）
赤海老の頭…4個
ニンニク…1片（軽くつぶす）
A
レモングラス…2本（ザク切り）
パクチーの根…1本
青唐辛子…1本
タイの生姜…15g（薄切り）
バイマックルー…2枚
ミニトマト…4個
水…700ml
B
ナンプラー…大さじ2
レモン汁…1/2個分
砂糖…大さじ2
豆乳…50ml
塩…小さじ1
菜種油（炒め用）…大さじ2

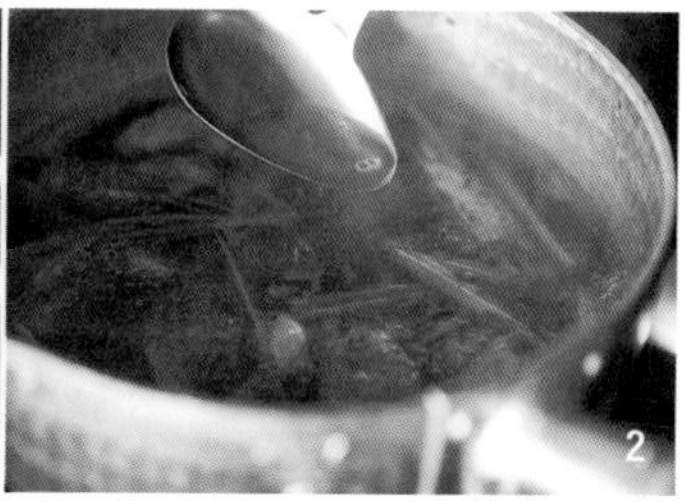

1 赤海老は頭を外して殻をむき背わたをとる。よく温めた鍋に菜種油をひき、赤海老の頭とニンニクを水分が飛び、軽く焦げ目がつくまで炒めたらAを加えてさらに炒める。 2 1に水を加えてスープを煮込む。Bを加えて最後に塩で味を調える。海鮮やキノコなど好きな具材をしゃぶしゃぶしながらお好みでパクチーと一緒にいただく。〆の米麺は硬めに茹でてから入れるか、スープの量に余裕があれば直に入れてもOK。

Column 8

どうしても気になる

この本では、シミ、しわ、毛穴、ハリ、吹き出物、肌荒れ、くすみといった〝点〟の肌悩みを消すためにアプローチするのではなく、肌の機能全体を底上げして肌悩みそのものを起こりにくくするためのアプローチをお伝えしてきました。ですが、「それでもやっぱり、その〝点〟の悩みが無くならない……」ということがあるかもしれません。その時は、美容医療という方法も可能性の一つとして考えていただきたいのです。なぜなら、その〝点〟の悩みを、ご自身でできる美容術の範疇《はんちゅう》で無理になんとかしようとしてしまうと、副作用的にほかの部分に弊害を起こしてしまうことが多いのです。僕が相談を受けた方の中にも、そうして傷ついた肌状態になってしまっている人がたくさんいました。シミが気になるからとご自身でピーリングケアをやり過ぎたことで、角質層が弱くなって乾燥しやすい肌になり、ちょっとした刺激でも炎症を起こしやすくなってしまったり……。しわが気になるからと、海外から取り寄せた美容液を使ったことで、しばらくは肌のヒリつきや赤みに悩まされることになったり……。せっかくお金をかけても、その結果は美しさに近づいた肌状態ではありませんでした。自身の回復力を超えて進行してしまった明確な〝点〟の悩みは、やはりプロの力を借りて対応するのが、最も安全かつ効果的な方法だと思うのです。

僕はいつも、「その〝点〟の悩みで、周りの人はあなたの魅力を量ってはいないと思いますよ」と伝えながら、それと同時にこれは極めて男性的な視点なのだろうなと毎回反省もしています。僕自身もその〝点〟の悩みが分からないわけではないのです。僕は生まれながら鼻と唇の間にほくろがあって、ずっとコンプレックスで皮膚科医の叔父に取ってもらおうかと考えたこともありました。しかし、手術を受ける不安と抵抗に悩みつつ中学から高校に進学して新しい友達と出会っても、誰もほくろに触れることはなかったのでだんだんどうでも良くなって結果的に取ることはせず今も残っています。もちろん、僕自身もそれが原因で人との関係性にどこかで支障を感じていたら、そこで取っていたと思いますし、今も潜在意識的には無いに越したことはないと思っているのかもしれません。ただ、そのコンプレックスと付き合っていくか、解消するかは、それが自分の前向きな心にどれだけ影響しているのかを判断する上で大切なことなのではないかと思うのです。

　例えば、実際には有効成分が入っていない薬を、効果がある薬と言われて飲んだ時に、症状の改善が表れる効果を「プラセボ効果」と言いますが、それほど人の体の機能は精神と密接に関係しています。もしかすると、良い化粧品を使うことや良い食事をすること、そして美容医療を受けること、それらの行いそのものよりも、その時に生まれる自分への自信や前向きな心が、その人を美しくするのかもしれません。その人に合った美容の方法は、それぞれ違うものだと思いますが、何かを始める前に、自分自身と向き合い、自分にとってそれが本当に心地よく、無理なくできる方法なのか、今より楽しくあるための方法は何なのか、自身に問いかけてみて欲しいのです。

12・1月

厳冬

乾燥に加えて、寒さも深まるこの季節。注目して欲しいのが汗です。砂漠地帯など乾燥が激しくても、気温が高く汗をかく地域では、化粧水を使わなくても肌の乾燥に悩む人は少ないようです。気温が下がるこの季節は、汗をかかないことも、肌の乾燥を進めてしまう要因になるのです。冬に気温・湿度ともに下がる国々では、北欧であればサウナ、韓国や中国では辛い食べ物など、汗をかくための伝統的な風習があるように思いますが、日本ではあまりそういった風習が見当たりません。ですので、少し意識してご自身に合った汗をかく習慣を取り入れてみてください。

体を温める

生姜に含まれるショウガオールや、ニンニクなどに含まれるアリシンは、血行を促して体を温めてくれます。その一方で、唐辛子に含まれるカプサイシンは、発汗を促してくれますので、辛くし過ぎない程度で、うまく取り入れると良いと思います。辛いものが苦手な方は、梅雨で紹介したビタミンB_1を摂った後、お風呂に入ると、効率よく汗をかくことができます。

鉄分

寒くなると血色が悪くなり、きれいな肌色が保ちにくくなります。体を温める食材に加えて、鉄分をしっかりと摂ることで、血流が効率よく促されます。それによって、肌色は良くなり、さらにはターンオーバーも促されて、透明感が生まれます。また、しっかり寝ても目の下のクマが消えない時も、鉄分不足が考えられますので、日々意識して摂るようにしてください。

あさりのフォー

殻付きあさりを出汁にした、クリアな旨みが後を引くフォー

テーマ食材

体を温める：**生姜**
青唐辛子、長葱でもOK

鉄分：**あさり**
しじみ、牡蠣でもOK

生姜の代わりに青唐辛子で辛みを加えたり、仕上げに白髪葱をのせるのもおすすめです。また、あさりをしじみや牡蠣に置き換えてみると、また違った旨みを楽しめます。

食材／分量（2人分）

あさり…200g
A 生姜…親指1本程度（厚切り）
A パクチーの根…1本
水…1000ml
B ナンプラー…大さじ2
B 味醂…大さじ2
B 塩…小さじ1
フォー（米麺）…2人前

（仕上げ）
パクチーの葉…適量（3cmに切る）
ライム…1/2個（くし切り）

1 砂抜きしてよく洗った殻付きあさりとAを鍋に入れて水を注ぎ沸騰させる。あさりの殻が開いたら、軽くアクを引いて一旦あさりを取り出す。2 1にBを入れて味付けしたら鍋からAを取り出す。別の鍋で水（分量外）を沸騰させ、フォーを入れて芯がなくなるまで茹でる。湯切りして器に盛り、フォーの上に1のあさりをのせてスープを注ぐ。パクチーの葉とライムを添え、食べる時にお好みで加える。

牛とろろ鍋

白味噌ベースの牛鍋に、おろした山芋をたっぷりかけて食べるスタミナ鍋

テーマ食材

体を温める：**長葱**
七味唐辛子、生姜でもOK

鉄分：**牛肉**
鮪でもOK

しらたきや豆腐など、お好みの具を加えてもOK。また、味噌の代わりに醤油で味付けをし、すりおろし生姜を入れ、牛肉の代わりに鮪を入れて「鮪とろろ鍋」にアレンジしても。お好みで七味唐辛子をかけて食べるのもおすすめです。

食材／分量（2人分）

- 牛バラスライス肉…200g（ひと口大に切る）
- 牛すじ肉（ない場合は牛スネ肉）…100g
- ごぼう…1/2本（皮をむきささがき）
- 舞茸…100g（食べやすい大きさにさく）
- 芹…10本（5cmに切る）
- 長葱…2本（白い部分は3cmに切る）
- 生姜…小指1本程度（薄切り）
- A
  - 白味噌…大さじ2
  - 味醂…大さじ2
  - 醤油…大さじ2
  - 砂糖…大さじ1
  - 日本酒…大さじ2
- 水…800ml

（とろろ）
- 山芋…200g（すりおろす）
- B
  - 水…100ml
  - 粉鰹…小さじ1
  - 味醂…大さじ1
  - 白醤油…大さじ1
  - 塩…1つまみ

1

2

3

1 鍋で水を沸騰させ、水で洗った牛すじ肉を入れ、アクを引く。長葱の青い部分と生姜を入れて、中火で10分程度煮込む。長葱と生姜を取り出し、Aで味付けする。煮込んでいる間に山芋をすりおろし、Bを混ぜた出汁でのばしてとろろを作る。2 1の鍋にごぼう、牛バラ肉、舞茸、芹、長葱の白い部分を入れ、具材に火が入るまで煮込む。3 食べる直前にとろろをかけ、すぐに火を止める。

麹チャンジャ鍋

良い出汁が取れるチャンジャを使って
ピリ辛スープの体が温まる鍋に

テーマ食材

体を温める：粉唐辛子

生姜、長葱、ニンニクでもOK

鉄分：小松菜

ニラ、ほうれん草でもOK

韓国の珍味・チャンジャには辛さがあるので、辛さを和らげたい場合は粉唐辛子を使わず、代わりに生姜やニンニク、長葱のみじん切りをチャンジャと一緒に炒めて入れることで、体がしっかり温まります。

食材／分量（2人分）

チャンジャ…100g
粉唐辛子…小さじ1
胡麻油（炒め用）…大さじ1
水…600ml
A
- オイスターソース…大さじ2
- 味醂…大さじ2
- 塩麹…大さじ1
- 蜂蜜…小さじ1

塩…適量
ニンニク…2片（すりおろす）
鱈…2切れ（ひと口大に切る）
小松菜…2株（ザク切り）
木綿豆腐…1丁（8等分に切る）
白子…100g（ひと口大に切る）
ししとう…8本
ぜんまい（水煮）…70g（ザク切り）

1 鍋をしっかりと温めてから胡麻油をひき、チャンジャと粉唐辛子を焦がさないよう軽く炒める。2 1に水を加えてAで味付けし、中火で5分煮込む。塩で味を調えたらニンニクを加え、具材を入れて軽く煮込む。

ほうれん草の八丁味噌サラダ

生のほうれん草とコクのある八丁味噌の組み合わせで
力がみなぎるサラダ

テーマ食材

体を温める:**青唐辛子**
生姜、小葱でもOK

鉄分:**ほうれん草**
サラダ菜、小松菜でもOK

青唐辛子の代わりに生姜を入れ、ほうれん草と合わせて
同じ長さに切った小葱を加えることで、
辛みを効かせずともしっかり体が温まるアレンジレシピに。
ほうれん草のほかには、サラダ菜や小松菜も
八丁味噌のドレッシングと良く合います。

食材／分量(2人分)

ほうれん草…4株(10cmに切る)
ニンニク…2片(薄切り)
青唐辛子…2本(小口切り)
A 味醂…大さじ2
A 蜂蜜…小さじ1
A 八丁味噌…小さじ1
菜種油(炒め用)…大さじ2
大豆(水煮)…80g

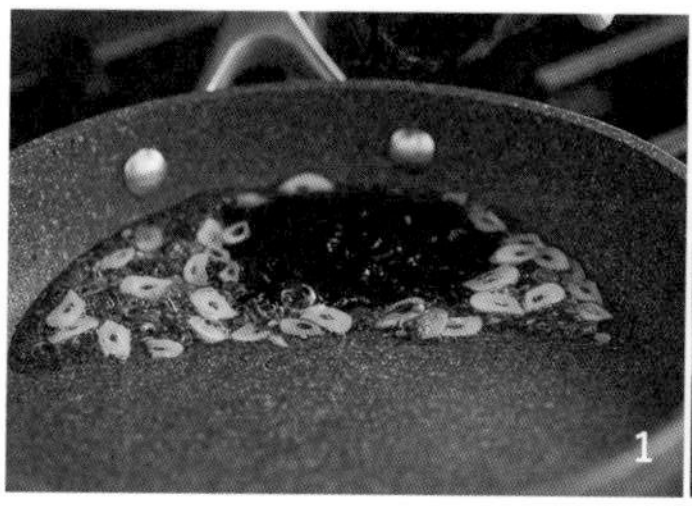

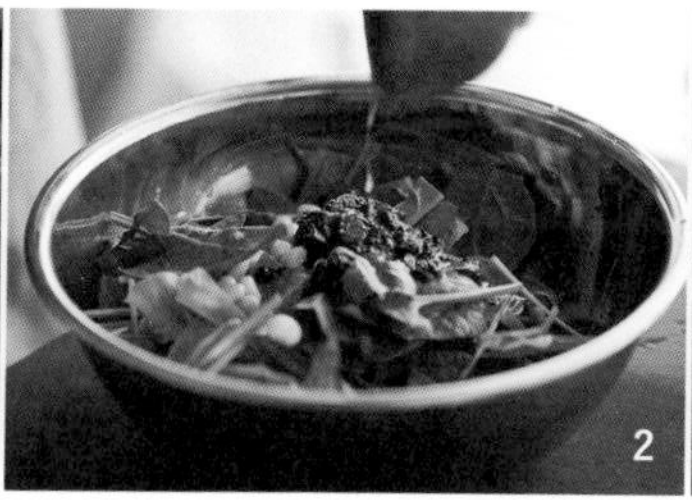

1 ドレッシングを作る。フライパンに菜種油をひき、ニンニクを弱火で炒め、こんがりとなったら青唐辛子を入れてさらに軽く炒める。火にかけたまま、あらかじめ合わせておいたAを加えてよく混ぜ火を止める。2 ほうれん草は5分ほど水にさらしてアクを抜いてから、しっかり水を切ってボウルに移し、大豆を加えて1のドレッシングをかける。3 よく和えたら器にこんもりと盛り付ける。

牡蠣と銀杏の中華炊飯

干し貝柱の出汁にオイスターソースで味付けして炊き上げる、中華風の炊き込みご飯

テーマ食材

体を温める：**小葱**
ニラ、豆板醤でもOK

鉄分：**牡蠣**
牛バラ肉、帆立（ヒモ・肝付き）でもOK

小葱の代わりにニラを使うのもおすすめです。また、豆板醤を小さじ2程度加えて少しピリ辛にアレンジもOK。牡蠣は、牛バラ肉や帆立に置き換えても相性がよく、帆立は貝柱だけでなくヒモと肝がついたまま使うと、鉄分がしっかりと摂れます。

食材／分量（2人分）

A
- 干し貝柱…5個
- 生姜…小指半分程度（千切り）
- 紹興酒…大さじ1
- オイスターソース…大さじ1
- 味醂…大さじ1
- 塩…小さじ1
- 胡麻油…小さじ1

- 小葱…5本（小口切り）
- 米…2合
- 水…360ml

B
- 椎茸（生）…2個（2cm角に切る）
- 牡蠣…6粒（ひと口大に切る）
- 長葱…1/2本（2cmに切る）
- 銀杏（水煮）…40g

1 土鍋に研いだ米、水、Aを入れ、蓋をして中火にかける。2 ふつふつと沸騰したら弱火にして米の上にBをのせ、蓋をして10分炊く。炊き上がったら火を止めて余熱で10分蒸らす。蒸らし終わったら小葱をちらす。

調理器具を味方につける

一見、難しそうに感じる調理器具も、使いこなすことで、料理の味がワンランクアップ。

土鍋でご飯を炊いたり、鋳物の鍋で煮込み料理をするなど、料理上級者に好まれそうな調理器具を見ると、「自分に使いこなせるかな……」と難しそうに感じるかもしれません。しかし、その使い方が身についた時、いつも自分が作っていた料理の美味しさが格段に増していることに気づくはずです。それはなぜかといえば、調理器具を正しく使いこなすと、正しく食材に熱が加わり、旨みを最大限に引き出すことができる、つまり正しい料理の仕方が身に付くからです。例えば鉄のフライパンなら、しっかり加熱してから使わないと焦げ付きが起こります。そのため、しっかり加熱して使う習慣が身につくと、焼き目の香りが豊かになり、炒め物も水っぽくなりません。いろいろな調理器具がある中でも料理初心者の方におすすめしやすいのは蒸籠で、蒸したらそのまま食卓に出せるため洗い物が減らせるし、なにより絵になります。良い調理器具には、視覚からも食欲を刺激するという魅力もあるのです。

銅鍋

素早く素材の芯まで火が通る。飴色に変わる経年美化も楽しみな銅鍋。〈直火専用・IH不可〉。ババグーリ／銅の両手鍋（S）／直径13cm／高さ11cm／容量1.3L

調理はもちろん盛り付けの
手間も減らすことができる
機能美を極めた調理器具や器たち。

焼き網

セラミックの遠赤外線効果によって、まるで炭火で焼いたようにこんがりと手早く焼ける。〈直火専用・IH不可〉。鳥井金網工芸／セラミック付焼き網／中サイズ／20cm

蒸籠《せいろ》

手作業で一つひとつ作られた和蒸籠。蒸籠がぴたりとはまるアルミ鍋付き。山一／鍋付きミニ和せいろ【15】／蒸籠本体：内径14cm／深さ4.5cm／アルミ鍋：内径15.5cm

インドの器

ふらっと立ち寄ったインド食材店で購入した。手のひらサイズの独特な形状はソースポットのように活用。エスニックはもちろん和洋中さまざまなテーブルウェアとなじむ。

直火鍋

茂田正和が設計デザイン。軽く熱伝導の良いアルミに腐食を防ぐ加工を施し、一枚ずつ成形。調理後そのまま食卓に出せるのも魅力。HEGE／φ250直火鍋／直径25cm／高さ6.3cm／重さ376g

素焼砂鍋

本場中国スタイルの素焼き鍋を国産で製造。持ち手と蓋付きで、熱々の状態のまま手軽に運ぶことができる。〈直火専用〉。万糧／素焼砂鍋（サーコー）深型片手 15cm／外寸16.2cm／高さ6.6cm／容量500cc

アルミ鍋

創業大正13年から続く鍋工房の手打ち仕上げ。底だけが熱くならず縁から底に向かって対流が起こる。〈直火専用〉。釜浅商店／姫野作.本手打アルミ八角鍋 7寸／外寸21.5cm／高さ6cm

煮炊きで大事な
熱の伝わり方や蓄熱性。
鍋を選ぶ時は材質や
蓋のつくり、重さも重要ポイント。

炊飯鍋

滋賀県は信楽の雲井窯で30余年にわたり作られ続けてきた、生地が厚い土鍋。ゆっくりと沸騰することでふんわりと風味豊かなご飯が炊ける。雲井窯／御飯鍋 黒楽 三合炊き／外径22cm／高さ15cm（完全受注生産）

鉄鍋

釜浅商店オリジナル。温度が下がりにくく寄せ鍋やすき焼きなどに最適な南部鉄器製。〈直火・IH対応*〉*サイズ18cm以上から。釜浅商店／南部寄せ鍋 24cm／外径23.5cm／高さ6cm

鋳物ほうろう鍋

しっかり蓋をすると吹きこぼれしにくく、強火力で煮込めるので肉や野菜が短時間で柔らかく。ツヴィリング J.A. ヘンケルス ジャパン／ストウブ ピコ・ココット ラウンド ブラック／直径24cm／高さ10.5cm

おわりに

僕が化粧品を作り始めて10年ほど経った頃、とある有名人の方とお仕事をさせていただく機会がありました。それ以降、僕にたくさんの素敵な方を繋いでくださり、今も公私共にたくさんの経験をさせてくださる恩人です。その方は、よくお酒を飲む方で、明け方まで飲んでいることもよくありますし、タバコも吸います。でも、肌がとってもきれいなのです。その方に「普段どのような美容術をされているのですか？」と聞いた時、「やらなきゃいけないことと、やってはいけないことを無くすこと」と即答されました。となると、僕のやっていることは一体何なのだろう？　と呆然としつつも、なんだかとても納得してしまいました。美しくあるとは、素敵であるとは、何よりも楽しくあることに支えられるものなのではないかと、美容の真髄を感じた気がしたのです。その方は当時「40歳の手習い」と言って友人とバンドを始めたのですが、徹底的に練習してステージに上がり、ＣＤを出すところまで行き着いたのです。その時に僕は「この人は快楽主義ではなく、楽しむための努力をし続けている人なのだ」と感じたのです。

誰でも辛いことや苦しいことはありますし、楽しむということは決して簡単なことではないのだと思います。僕自身もそうです。家族の悩み、仕事の悩み、忙しくて自分の時間を持てないこと、やりたくないのにやらなきゃならないこと、それが日々のしかかってきます。ですが、楽しむための努力をやめてしまうと、楽しいという感覚からどんどん遠ざかってしまうように思います。日常のことを何か非日常的にできる工夫、忙しさの中にやりがいや楽しいと思えることを見つける。今この瞬間、目の前にあることをどうやったら楽しくできるかという努力こそ、一番すべき努力なのではないかと思っています。そして、楽しいと感じる感覚、美味しいと感じる感覚、嬉しいと感じる感覚、そういったいわゆる幸せホルモンを促すような感覚が、人を美しく魅力的にするスイッチなのだと思うのです。前半で、美容はまず精神が大事で、次に食、最後に化粧品とお伝えしましたが、自分が心地よいと感じられること、自分を大切にすることではじめて、使うモノであったり、やるコトが意味を持つのだと思います。まさに、「やらなきゃいけない、やってはいけない」に支配されるのでなく、自分の本能や直感を大切にする日々の気づきを、皆さんがこの本を読み終えた時に得てくださっていたら嬉しく思います。

茂田正和

掲載商品メーカーリスト

飯尾醸造
https://iio-jozo.com/

伊藤商店
https://www.kuramoto-denemon.com/

釜浅商店
https://www.kama-asa.co.jp/

甘強酒造
https://kankyo-shuzo.raku-uru.jp/

きつきのきづき（取り扱いショップOliva-Olea）
https://www.oliva-olea.com

雲井窯
https://www.kumoigama.co.jp/shop/

関ケ原醸造
https://sekigaharajozo.com/

センナリおいしさ研究所 大地
https://sennari-oochi.com/

田中屋
https://www.tanakaya-ehime.co.jp/

ツヴィリング J.A. ヘンケルス ジャパン
https://www.zwilling.com/jp/staub/

鳥井金網工芸
https://toriikanaami.stores.jp/

ババグーリ／ヨーガンレール
https://jurgen-lehl-for-babaghuri-jp.tumblr.com/

HEGE
https://www.hege.jp/

万糧
http://www.manryou.co.jp/

山一
https://yamaichi-kiso.jp/

ヤマシン醸造
https://yamashin-shoyu.com/

山田製油
https://www.henko.co.jp/

ヤムヤム
http://gaiatable.com/

ユーサイド
https://u-side.net/products

この本に掲載された商品の情報は
2024年2月現在のものです。

茂田正和《しげた・まさかず》

音楽業界での技術職を経て、2002年より化粧品開発者の道へ。皮膚科学研究者であった叔父に師事し、敏感肌でも安心して使える化粧品づくりを追究する中で、感性を育む五感からのアプローチの重要性を実感。2017年、スキンケアライフスタイルブランド『OSAJI』を創立しディレクターに就任。2021年にOSAJI店舗に併設のホームフレグランス調香専門店「kako-家香-」（東京・蔵前）が好評を博し、2022年には香りや食から心身の調律を目指す、OSAJI、kako、レストラン『enso』による複合ショップ（鎌倉・小町通り）をプロデュース。2023年は、日東電化工業の技術を活かした器ブランド『HEGE』と、HEGEで旬の食材や粥をサーブするレストラン『HENGEN』（東京・北上野）を手がけた。

食べる美容

著者
茂田正和

編集人
伊藤亜希子

発行人
倉次辰男

発行所
株式会社主婦と生活社

〒104-8357 東京都中央区京橋3-5-7
編集部 ☎03-3563-5191
販売部 ☎03-3563-5121
生産部 ☎03-3563-5125
https://www.shufu.co.jp

製版所
東京カラーフォト・プロセス株式会社

印刷所
大日本印刷株式会社

製本所
株式会社若林製本工場

ISBN 978-4-391-16135-9

Ⓡ本書を無断で複製複写（電子化を含む）することは、著作憲法上の例外を除き、禁じられています。本書をコピーされる場合は、事前に日本複製権センター（JRRC）の許諾を受けてください。また、本書を代行業者等の第三者に依頼してスキャンやデジタル化をすることは、たとえ個人や家庭内の利用であっても一切認められておりません。

JRRC（https://jrrc.or.jp
Eメール jrrc_info@jrrc.or.jp
☎03-6809-1281）

十分に気をつけながら造本していますが、万一、乱丁、落丁、不良品がありましたらお買い求めになった書店か小社生産部へご連絡ください。お取り替えいたします。

©Masakazu Shigeta 2024
Printed in Japan

撮影
鈴木泰介

デザイン
荒井胤海

スタイリング
中里真理子

レシピ執筆協力
石塚久美子

イラスト
石井このみ（OSAJI）

ヘアメイク
後藤勇也（OSAJI）

モデル
渋谷麻衣子（日東電化工業）

企画・PR
早川歩美（日東電化工業）

校閲
小川かつ子

帯撮影
杉田 拓（Y'sC）

協力
Women's Health
釜浅商店

編集
木村 愛

編集アシスタント
北澤知佳子